W LLSENSE

被设想的未来

未来

IMAGED FUTURES

FIN DE SIÈCLE FANTASIES

〔印〕普立梵（*Prem Poddar*）

〔英〕安德鲁·瓦特（*Andrew Watt*）　著

王焙尧　　　　　　　　　　　　译

上海三联书店

献给我的女儿里拉

致　谢

多亏众人的襄助，这次探险寻宝的旅途才迎来了曙光。在此感谢：Patrick Blackburn, Amanda Hammar, Charles Arsené-Henry, David Johnson, Graham MacPhee, Dominic Rainsford, Heiko Henkel, Chris Sinha, Lin Xi, Anmole Prasad, Richard Rhys, Jenny Watt 与 Lisa Zhang。他们提醒了何谓此时此刻（the Jetzeit, 挪用一个德语词）。

目 录

写给中国读者

每一个"未来"都有它的过去和现在，我们就是如此理解历史的。历史在时间中呈现，而我们人类也是这个时间连续体当中的一部分。于是我们将意识付诸实践，无论未来有多遥远且扑朔迷离，抑或是未来根本不会发生，我们都可以为这个未来做一些计划。

与人类这种为未来做计划的行为相关的，是幻想的生活或想象的生活，这也是人类不可或缺的。我们都幻想着可能永远不会发生的事情，或者可能会发生在平行宇宙中的事情。艺术家和作家（长于用文字绘画）尤其会运用他们的想象力来想象图像，这些图像通常具有真实感，但有时却荒诞不经。即使它们是不切实际的，但也有一些可以触动我们，或者一些感人的部分通过某一个元素、某一个层面，抵达人心。无论活在哪一种文化中的人们都采用了这些方式来构想和表达他们对未来的希望和焦虑。西方和日本在19世纪经历了大规模的工业化之后，特别容易构想出乌托邦世界的图像或是反乌托邦的世界图景。关于技术威胁的主题很普遍，但从来没有引起大众的重视，正如"今天"不可能独立于社交媒体之外存在，或者存在于没有智能手机的情况中一样，"当时"也不可能忽视科学和技术的巨大诱惑。

　　快进到21世纪，像安德鲁·瓦特这样的收藏家花费了大量时间和金钱来挖掘这些散落在图书馆或他人手中的收藏品、阁楼和车库中的图片。其中一些在交易会上出售和易货，例如专门为明信片举办的交易会。我也是在安德鲁·瓦特的藏品中得到这些图片的。随着1999年12月31日的临近，世界上的人们对世界末日情景的预测是基于"千年虫"可能导致全球大规模计算机系统的崩溃。众所周知，什么也没发生。我们顺利进入了2000年，计算机继续一如既往地运行着。我们逃过了那个预测的黑暗未来，冲进了勇敢的新未来，这就是我们的当下。

　　读者可以在本书 [1] 中看到安德鲁的众多藏品，通过本书我们能够看到人类曾预想过的未来的一种版本。中国进入了被许多人称作"中国科幻的黄金时代"，而我所整理的这个"未来"的版本中却没有太多关于中国或来自中国的内容，颇

---

[1]　本书原名为 *Invented Futures：Fin de Siècle Fantasies*，中译本出版前，作者认为 Imaged Futures 似更妥帖，因此本中译本按作者意见改为 *Imaged Futures：Fin de Siècle Fantasies*。——编辑注

令人遗憾。

早在公元前3世纪，人们就可以在著名的道家经典《列子》中找到一种中国科幻小说的形式。在这本书中，工匠偃师建造了一个自动机，一个看起来像人的机器，并将它献给了周穆王。机器人开始表演，表演后却与宫女调情。偃师为了避免麻烦，连忙拆开符咒，向周穆王透露此器是用皮、木、胶、漆制成的，没有任何危害性。我们今天所知的中国科幻小说是从晚清以后才开始创作的，20世纪初中国产生了大量的科幻小说，其中老舍那异想天开的《猫城记》最为著名，这个故事发生在火星上像猫一样的人中。

鲁迅、梁启超等著名学者和作家都写过科幻小说，也强调科幻小说的重要性。中国第一部被贴上科幻小说标签的作品是1904年的未写完的小说《月球殖民地》。在一个亚欧科学家和探险家平等竞争的世界中，龙孟华为了寻找失踪的妻子，与"理性"且"科学"的日本人玉太郎一起踏上旅程。他们乘坐配备有健身房、卧室、用餐区、医院和会议厅的热气球前往不同的国家。故事却在龙孟华找到妻子后戛然而止，但是读者并没有机会读到有一个新造的热气球将他们带到月球从而逃离地球的腐化结局。

在许多层面上看，中国科幻小说是对西方帝国主义的回应和对现代性的追求，正如19世纪90年代的那些不平等条约是为了对抗在西方被称作"黄祸"的东西。1909年的化名中篇小说《电世界》就是一个很好的例子。再如，改革家、思

想家康有为的乌托邦设想黄种人最终会获胜，并且，他主张
保留儒家文化。除了提出推动科技重建中国外，康有为还主
张人类的未来在于混合，尤其是"白种人"和"黄种人"之间。
我们应该知道，"种族"概念是从国外引入的，并在面临外国
侵占时才被广泛使用。

在科幻作品里，未来似乎与历史和文化密切相关——
这是许多科幻小说叙事的主题——寓言也类似。仅举一例，
《庄子》：

罔两问景曰："曩子行，今子止；曩子坐，今子起；何其无特操与？"

景曰："吾有待而然者邪？吾所待又有待而然者邪？吾待蛇蚹蜩翼邪？恶识其所以然？恶识其所以不然？"

推理小说或科幻小说是一种写作形式，有的会变成电影，当想象与我们不同的其他世界时，图像就是必不可少的。即使这些世界看似与我们的世界相似，但总有一些变化或扭曲，这使得我们已知的结构变得陌生。中国的科幻电影中不乏佳作，也都充满活力，这也预示着当前的流行文化从文字呈现转变为影视作品的世界潮流。

我很希望中国的读者能够受到本书的启发，从自己的历史中挖掘出先人曾幻想过的未来的相关图片。引言中三张来自印度的图片表明，如果我们要理解我们的过去和当下，这些图片是不可或缺的。只有如此，我们才能更好地洞察当下的困境。

从诸多层面来说，预言都与现在紧密相连，这在科幻小说中屡见不鲜。有人说，"未来"并不存在，只有多种关于未来的可能性。只是我们不知道哪一种可能性将会到来。威廉·吉布森（William Gibson）有句名言："未来就在眼前——而它不是一个平均分布。"他说这话的时间很可能是在1999年左右。我们不得不与摩尔定律相伴。当国际基因工程机器

"WEREN'T THEY FUNNY?"

比赛的孩子们正在改造细菌时，他们向我们展示了即将到来的自制基因工程。这些人已经生活在一个即将到来的未来中了，而我们也将开始经历它。

亲爱的读者，我想在本文即将结束之时告诉你们如何更好地欣赏本书中的图片。

下面的图片是一对年轻的情侣，在画廊里看着两幅画，画中是一男一女。这是一张来自美国1914年《生活》杂志中的插图，图中的相框上写着1914年，而这对新潮的情侣是1950年的，他们看着1914年的时尚，评论道："他们不是很有趣吗！"比这更有趣的是，今天人们的化装舞会常常会重现过去的时尚和流行文化，并且也觉得有趣。不仅如此，我们在这些事件中的自拍照只是为了在社交媒体中不停地分享自己那些复古的时刻。

尽管超短裙的时代早已到来，但社会习俗还不允许我们像图片中那样衣着暴露。虽然读者可能会想到柏林和上海等地的夜总会，那里的人们可能穿着恋物时装甚至什么都不穿。不过，如今一些年轻人的文身大概与图片中男人的身体图案相去甚远，他腰间的装饰带在今天也许被更多人当作日常穿着的一部分。

请读者们尽情欣赏这些天马行空的图片，让想象力驰骋其间吧！

普立梵

2018.1.22　上海

前　言

本书中关于"未来之梦"的插画为今人提供了独特而迷人的视角，以了解在19世纪最后几十年及20世纪前几十年盛行于世的对未来的憧憬。这些插画既是对未来的畅想，也是一种讽刺的视角，从中可以看到人们似乎已经卷入了新技术或新社会趋势的大潮中，同时，插画也是对一个世纪前的生活的珍贵洞察。我们也许会觉得这些天马行空的插画十分有趣味性，但它们也蕴含了我们关于现代器具和时尚可能有的想法，而这对我们的后代来说，同样也是荒诞离奇的。

当然，除了插画本身的乐趣之外，这本书之所以具有广泛的吸引力是有原因的，尽管图画的吸引力和讽刺的视角无疑也是一个卖点。到了19世纪最后几十年，尤其是在"征服天空"的界定下，"未来"成了一个富于想象的空间，可以像现在或过去一样对其进行虚构的解释。不同于弗兰克·R.保罗（Frank R. Paul）等艺术家在《精彩的故事》（由雨果·格恩斯贝克 [Hugo Gernsback] 于1926年创刊）等杂志中创作的恢宏的城市景观，本书中的许多插画并非严肃推论的科幻小说模式。插画是为更广泛的受众而创作的（许多插画的创作时间是在"科幻小说"一词发明之前的几十年），它们见证了生活在被技术极大改造的世界中的人们对未来的痴迷。通过对早期科幻小说的研究，以及对前怀特兄弟时代小说中的飞行观念的研究，我意识到这些更早版本的"未来"并未得到当时学生的足够重视（"Tales of Futures Passed：The Kipling continuum and Other Lost Worlds of Science Fiction"出自 *World Weavers：Globalization, Science Fiction, and the Cybernetic Revolution*，Wong Kin Yuen, Gary Westfahl, Amy Kit-sze Chan[合编]，香港：香港大学出版社，2005年）。安德鲁·瓦特（Andrew Watt）收集的图片（源自不同国家的期刊）有助于弥补上述不足。本书的插画告诉我们两件容易被忽视的事情：首先，它们证实了那时人们对未来猜想的痴迷比今人更甚，同时也阐明了像我们一样生活在重大的社会与技术变革中的人们所想象的那种未来剧变；其次，它们提醒我们，"科幻小说"实际上比今天我们所读的科幻小说的范畴更为广泛。这些插画的重要性在于，它们不是来自专业杂志，而是源于提供给各色观众的各种材料，但在普遍的读者群中，他们对世界末日的想象并不感兴趣，而对当地（还是舒适）的未来颇有兴致，这个未来是他们或其子孙将看到的。

这些图片有许多摘自难以获得的期刊，现在它们有了被人们看到的机会。对100年前的文化感兴趣的人而言，这些图片是有价值的，不仅如此，那些关注前人如何设想未来的人也会从这些图片中有所得。阿尔伯特·罗比达（Albert Robida）那赏心悦目的巴洛克风格的作品是插画作品的重要代表，即使是不太出名的艺术家也具备超越简单怀旧的魅力和智慧。插画家们无一例外地让我们知晓了很多关于过去的知识：简单的描绘可以提供的内容更加丰富。

在19世纪上半叶，关于未来的小说很少见，但玛丽·雪莱（Mary Shelley）和简·洛登·韦伯（Jane Loudon Webb）已经将气球的发明融入她们自己的作品，这也被漫画家挪揄了，不仅如此，像路易斯·塞巴斯蒂安·梅西埃（Louis-Sebastien Mercier）这样的法国作家，在他1786年版的 *L'an deux mille quatre cent quarante*（译为《2500年回忆录》）中，已经将洲际的热气球运输网络纳入。埃米尔·苏维斯特（Emile Souvestre）的《未来的世界》（*Le monde tel qu'il sera*，1846），被安置在蒸汽驱动的飞行器上，既是一种向征／隐喻的表现手法，又是对一种可识别的科技的探究。到了19世纪末，小说中的动力飞机甚至是太空漫游，并未被描述为胡思乱想，而只是一种尚未发生的事而已。可以说最伟大的发明时代是19世纪，铁路、轮船、电报、城市的大规模扩张以及（令许多艺术家为之着迷的）人类对天空的征服，如同这些插画所描绘的一样，这些伟大的发明极大地改变了当时人们的生活方式。从儒勒·凡尔纳（Jules Verne）小说中的气球、潜艇和太空枪，到充斥于美国廉价小说（American dime novels）中草原上的蒸汽动力发明，想象的世界正在被技术改变，而像查尔斯·达尔文和卡尔·马克思这样的思想家则告诉读者，变革植根于我们的政治体制和生物本能中。

无怪乎在跨越了19世纪到20世纪的几十年中，有如此多的人对未来的模样痴迷不已，而大众媒体上也充斥着对那个未知世界的幻想。

不同于威廉·吉布森笔下的《根斯巴克连续体》[1]，这些（大部分是欧洲人的）视角是轻松的，通常也是讽刺的。他们并没有严肃地尝试预言或形塑未来的样子，而是嘲笑那些曾经预想过未来的人，或是嘲讽那些对新技术痴迷的人们。但他们确实提供了有关社会变革和当时观点的有趣记录，尤其是在描述女性时，开玩笑说是那些强硬的悍妇遮住了男人的光芒，其实是对解放女性与女权主义的焦虑不安。他们也天真地认为技术不会改变社会的本质。我们看到19世纪和20世纪初生活方式并未改变，比如中产阶级只是借助螺旋桨驱动的飞船满足他们的社交需求——愉快地购物、钓鱼及绘画，

---

[1] 《根斯巴克连续体》是赛博朋克运动之父威廉·吉布森的短篇小说，该书奠定了赛博朋克反乌托邦的基调。——编辑注

并且不受空中战争的潜在威胁。(空中警察在空中追捕罪犯的几张插画显然是出于对未来治安的想象而非对犯罪的担忧)我们也注意到在不久的将来,资产阶级的生活肯定会被这些新技术所改变,但生活不会停下脚步。在1914年之后,这么说也许就不太容易了。假如我们生活在这些图像所描绘的未来,那会是一个更黑暗也更不乐观的景象。然而,我们惊叹于这些图片洞察到某些压抑的现代生活方式。例如,阿尔伯特·罗比达是这些"未来梦想"的法兰西大师,他也是一位敏锐的社会批评家,他和同时代的一些人构想了复杂的交通系统,以及巴洛克式的城市景观,这可能看起来幼稚又过时,但也是他通过观察周遭而对未来做出的巧妙推测,这些与我们当下的情况并没有太大的不同。(罗比达本人创作了一系列版画,其中设想了即将到来的20世纪的战争本质。)

现在,吸引观看者的还有这些畅想中的双重视野。我们并没有生活在这些艺术家预想的未来中,而是处于一个与他们的预想有些不同的世界中。我们的私人飞机或热气球在哪里呢?这些图像可以提醒我们,"未来"是被建构之物,它一定会与我们的想象不同。这些图像的出版,让读者一起体验100多年前的幻想之旅,它会吸引很多读者,其中有许多图片难得一见。这些图像是艺术、怀旧、历史文献和对未来观念的探索(随着时间的流逝,这种观念会变得越来越重要),它们值得被看见,以便让我们理解我们的今天为何以及如何迥异于这些版本的"未来"，也让我们明了今天的人以何种方式真正体现了人在这些多彩而迷人的畅想中所扮演的角色。

安迪·索耶尔（Andy Sawyer）

科幻文学基金会收藏馆馆长

利物浦大学科幻文学研究硕士

2014 年 7 月 9 日

未来如同过往云烟

普立梵

未来不存在于怀旧之中。

——叶纬雄（Arthur Yap）

19世纪的所有集体性建筑构成了理想建筑的集合。

——瓦尔特·本雅明（Walter Benjamin）

一

当本书中所呈现的奇思妙想的图像（是真正意义上的奇幻的、充满奇思妙想的）初次与我相遇时，我立刻意识到这些图画应当被视作诸多研究领域的无价珍宝，包括现代主义

研究 [1]、视觉艺术、未来设想的观念史，抑或科幻小说研究、批判理论与本雅明研究。这本书的合著者安德鲁（很不幸，他已于 2011 年逝世）倾其一生，收藏成痴，书中整理的图片得自藏品包罗更广泛、更庞杂的"安德鲁·瓦特收藏"。我坚信，安德鲁的精神遗产在某种程度上得到了永生，他的精神在这本图集的内外都得以延续，并给予这场冒险一往无前的理由。

二

对未来观念的兴趣一直是一些学科的重要特征。在现代主义研究中，近来学界重新燃起对现代主义（现代主义、现代性杂志以及现代主义研究协会的成立证明了这一点）的兴致，他们更细腻地审视未来流行的文化表现形式，为评估现代主义作品的接受程度提供背景，以此来质疑各种主流的说法，这些说法包含了现代主义对于未来过于简单化的信念。

对于现代性及其各种未来，在大众文化中的表达多种多

[1]　在周期化和隐含的时间滞后上，《行星的现代主义》(*Planetary Modernisms*) 的作者警示说："通过'其他的''替代的'或'周边的'修辞，多元的现代主义再次微妙地确认了现代主义的等级，与欧洲和美国的'原初的''主要的'或中心的现代主义达成和解，以此作为理解一切他者的尺度。"（弗里德曼，1915：86）

样，这种多样性体现了受众期望之中的成熟度、复杂度与讽刺程度，而这些是在现代主义之前的论述中没有展现出来的。

在视觉研究中，学者们越来越关注包括图像技术在内的技术方法。鉴于电影院关键视觉技术在世纪末（fin de siede）出现，这些图像已经被认定为将变化反应植入到新影像技术，并且通过技术的不断调节，更广泛地延展到城市视觉环境。同样，人们日益认识到末日科幻小说与未来概念发展之间的相互作用，让这些图像与思想史 [1] 上的学者们息息相关。

这个重新焕发的学术兴趣大部分是借鉴了瓦尔特·本雅明的理论工作。本雅明在"拱廊计划"中撰写的关于格兰维尔（Jean-Ignace-Isidore Gérard）的文章，以及他关于巴黎的文章，是把未来具体视觉形象与19世纪欧洲知识和哲学取向这两者连接起来的中心点。然而，本雅明这方面的理论写作仍有待充分探讨，它可能成为持续辩论的重要舞台。

《被设想的未来》中收集的图像给更广泛的学者和学生受众提供了一个重要的、富有想象力的、他处难寻的原始材料，这些材料更易于接近和深入。

这里的组合（包括图像、简短的评论、部分介绍和这个

---

[1]　简言之，"持续不断的生产革命，社会环境的喧嚣，以及永无止境的骚动"（马克思与恩格斯，1976：487）描绘了19世纪末的人类境况，对与之同时代的人而言亦是启示。伊格尔顿（Eagleton）将之概括为："……冗余过剩的西方资本竞相追逐稀缺的殖民地资源，这最终导致了第一次世界大战的爆发。然而直接导致这种浪费与不幸的是维多利亚理性本身的危机。19世纪末只不过是这场危机一次剧烈的显现罢了。"

总体介绍本身），旨在将材料语境化以提高其可用性和历史价值，且相较于纯文字的文本必然显得不那么学术。它的出人意料之处在于比较维度与跨国视角，汇集来自欧洲、日本和美国的图像资料，将吸引研究现代性及技术的全球概念，以及未来概念的学者们的关注。

三

大卫·罗森塔尔（David Rosenthel）在他的经典著作《过往即异乡》（1985）中提出，未来也会重蹈过往的覆辙，当人们开始意识到，历史的进程并非始终如一，也是不可预测的，那么他们想要窥测未来，便无法从过去的经验中取经。因此，未来变得说不出的陌生。与此同时，人们也在历史终结的观念中寻求慰藉。（福山，1999）关于"未来是异国他乡"的大哉问也可被看作与时间之箭[1]有关。尽管这个问题的前提是预设有一支"时间之箭"。这种未来与过去同属一个范畴，虽然"未来""过去"在概念上是完全相反的。换言之，我们总是倾向于采用谈及过去的逻辑来论及未来。我们思索时间的方式已经改变了，现世主义倾向愈加明显（现世主义是相

---

[1] 发表在《自然—物理学》（2015）上的一项新研究似乎表明（或至少声称），时间实际上会倒退，事物的多种状态同时存在，至少在量子层面，未来的事件会影响过去的事件。

信只有现在是存在的）。在这种当下至上的观念中，未来确乎呈现出"异乡"的模样。与"现世"相较之下，这种"未来"的真实性微乎其微。

从某种意义上说，未来完全是不可知的，而从另一种意义上讲，未来正是我们现在所做的事。我们现在描绘未来的图像，只能从当下的背景中产生。这也解释了就算最近十五年内创作的科幻小说或未来派电影，为何现在看起来也是完全过时的。（可以说在这个例证中看到了幽默的部分，而这幽默，是从"过时"的感觉中得出的。人们可以这样认为："火石"和"魔法师"这样的漫画，将美国中产阶级的现状叠加在史前或中世纪的时代，以产生不合时宜的幽默效果。）因此，适用于过去思想的"不合时宜"，也同样适用于我们对于未来那已经转变了的看法。从这个意义上说，未来确实成了一个"异域"。

有人认为，在回忆这一行为中，当下就蕴涵了过去。同样地，未来也可以被当作是在可预见范围内而固有存在的。未来通常被认为是我们所掌握的东西。预期效果是否真的实现了，显然是另一回事。查理·布鲁克（Charlie Brooker）的电视连续剧《黑镜》展示了这一点，它展现了扭曲而有趣的预测——一些对现有技术的社会政治与文化可能性的预测，但这种预测方式是出乎常人意料的。就目前而言，布鲁克和威廉·吉布森的作品，只是因为在他们的未来中投入了一个到达未来黑暗时代的社会、政治和文化现状的事实，那么他们的作品似乎就会受到较短保质期的补偿。

　　记忆的技巧和技术，已经发生了翻天覆地的变化，这一看法，和如下观点很好地连在一起：当代实践当中包含了一种"当下主义"（presentism）。在卡露特丝（Carruthers）关于记忆技巧的研究中，她回到希腊人和罗马人的时代，以及他们的"轨迹记忆法"，即通过将每一个事物放在熟悉的场所中的每一个位置上，把它们联系在一起，从而将其记忆下来。她用此方法来回溯中世纪与文艺复兴，然后说明它是如何随着印刷的发明而崩溃的。最早的书籍，是带有装饰性首字母的泥金装饰手抄本，仍然配有助记符号的轨迹，但它们不是书本、文本性的东西。它们提供了一系列的视觉形象，帮助那些把阅读视为一种记忆形式的人。然而，卡露特丝却可以写出她所做的这一切研究，一部分得益于现在的技术，这技术与之前的技术完全不同，它已经改变了我们，但我们不愿采用它。尽管计算机在很大程度上是因为它的海量存储而价值非凡，但这种电子技术却是非常古老的。矛盾的是，电脑现在有能力删除任意一代的痕迹。因此图像变形让计算机逐个像素地将一个图像变换成另一个图像，而无法知道每个图像属于哪一代。因而，时间和未来在这里消失了。我们体验未来甚至思考未来的能力，似乎正在变成一种"事物"。

四

本雅明的工作是反思过去和未来之间联系的关键，因为他对收藏品进行了深入的思考。所有的《拱廊计划》的素材，都是关于文物如何既保存过去，又预设未来的。当然，我们不在这里审视他在《暴力批判》这篇文章里所表达的窘迫希望——未来可能会带来一种（神圣、庄严或神秘的）不流血的暴力，终将净化他们世俗的暴力时代（毕竟他写了动乱不安的20世纪30年代）。德里达（Derrida）等人注意到了德国人对未来的这类希望的讽刺，这种希望不过是神圣或神秘的东西。

然而，本雅明的研究仍然是一个富有成效的开始，这是一个反复出现的时间主题，它是一个空的范畴，尤其是在未来时期，直到装满（因而实现）有意义的事件。帕特克（Patke）援引本雅明的话，有力地阐释了后殖民城市："无论过去何去何从，它都提供了一条线索，引导旅行者回到历史意识的迷宫。这可以通过阵内秀信（Jinnai Hidenobu）关于东京的考证所生发的涵藏在地理学中的历史诗学来展现，它'将城市地点与人们的回忆联系在一起，这些回忆包含在诗人叙事或绘画之中'。从这个意义上来说，要了解过去就是要了解它是如何预见或者如何没有预见现在的。但现代性的意志却被不知不觉遗忘的恩赐和诅咒所掩盖。它张开了一块空白的飞毯，未来受邀，乘风而行。"（帕特克，2003：292）本书邀请读者在这个意义上，通过丰富多彩和出神入化的图像媒介来冥想我们"曾经的未来"。

五

这本收藏集也有个遗憾，或者说是局限之一，就是欧洲、美洲和日本[1]之外的精妙图像缺席了。这是一个不可否认的失败，尽管这个失败是源于"瓦特收藏"所局限的藏品范围。乌托邦、反乌托邦和科幻小说确实存在于19世纪末的都市中心之外。例如飞机（和其他科学成就）的想法在印度古代梵文文本以及现代的诠释中流传了很久。与书中所展现的幻想图像相似的，是下页这幅插画——维摩那的例子，它应该像一只带有铰链的翅膀和尾巴的鸟一样飞翔（Mukunda et. al，1974）。

这些文本现在被用来支持而今复兴的民族主义，这毫不意外，正如它们明显让人联想到了19世纪由文化民族主义

---

[1]　对图像中隐藏的和没有显示的事物做出分析，尤其是对帝国主义时期的图像做这样的分析，都表明现在已经发生的深刻转变——人们开始思考什么是可见的，什么是不可见的。图像的意义于是可在这种辨证关系中被发掘出来：对"可见事物的（再）排列"（Geimar，2002）使我们意识到是什么构成了可见与不可见之物，以及对展现认知的视觉世界的绝对需要。参阅 Chow，2010。

古印度飞行器维摩那（Vimenas）

者[1]重铸的古印度历史。就中国而言,科幻叙事(连同政治思想和大众文化的传统)叙述受害者既要求道德地位,又要明确地表达并鼓动作为民族主义力量的"失败"。

在这个时期,中国的民族政治(和民族等级)概念,并没有与西方的社会达尔文主义思潮脱节,而是在这类小说中经常被揭示出来。在勇敢的新世界中畅想渴望并最终打垮了剥削,侨居海外的华人在这种虚构的想象中复活;例如,未来主义小说《新纪元》(1908),就叙述了南美洲和澳大利亚[2]劳动者的权利斗争,进而引发了黄白种族之间的战争。一部"殖民小说"——《冰山雪海》建构了一个背景为24世纪,由中国工人领导的、跨国的后殖民社会,这部小说幻想着国际主义。

19世纪的著名作家,如赫伯特·乔治·威尔斯(H. G. Wells)、亨利·莱特·哈葛德(H. Rider Haggard)、柯南·道尔、儒勒·凡尔纳、埃德加·爱伦·坡和玛丽·雪莱,以及早期鲜为人知的詹姆斯·德·米勒(James De Mille),他著有科幻小说作品——《在铜缸里发现的奇怪手稿》(*A Strange*

---

[1]　一种典型的民族主义焦虑在殖民地和半殖民地的知识分子中反复出现。尽管有着丰富的幻想写作传统,鲁迅仍在他的《月界旅行》(译自儒勒·凡尔纳作品日文本)前言中抗议说,科幻小说"像独角兽的角一样罕见,这在某种程度上显示了我们这个时代的智力贫乏"。(引自 Wu and Murphy,1989:xiii)

[2]　王大卫在分析中国晚清的科学幻想与科幻小说的不同之处时,强调了幻想元素与文化想象的关系。

Manusc-ript Found in a Copper Cylinder，1888），以及威廉·亨利·哈德逊（William Henry Hudson），他著有《水晶时代》（*A Crystal Age*，1887），这些作家毫无疑问都关怀着种族、帝国和统治的问题。后来的作家巴拉德（J. G Ballard）与菲利普·迪克（Philip K. Dick），他们错综复杂的作品以及广受欢迎的《星际迷航》《星球大战》和更近一些的《阿凡达》，都同样提出了科幻与殖民主义关系的问题。有史以来第一个声称收录了"后殖民科幻与奇幻"的作品集——《在梦中》（*So Long Been Dreaming*，2004），试图解决更多的当代问题。这一点，通过书中尼丝·萧（Nisi Shawl）写的短篇故事得以充分地体现出来：从众囚徒被带去一个叫作"修正"（Amends）的星球的视角来叙述"深处"（Deep End）。他们的惩罚就是旅程本身，为了促成向遥远的星球前哨转移，囚犯被迫放弃他们的身体；然后将他们的头脑或"自我"上传到"自由空间"中。他们在"修正"星球上的选择，要么是悬停在可用空间中，要么是被下载，以便他们的克隆身体与移民社群一起定居下来。这两种选择都提供了部分自由：虽然虚拟环境中的自由空间意味着受制于征服者的监禁，但下载的克隆"白色"身躯最终属于富裕的白人主人（但现在也许是通过一种颠覆的方式来进行模仿）。

特定的空间和特定的主题有时被放置在几何图形上，不仅仅是形成这些图形，同时也标志着，在可视性和可读性之间要进行一个更加有效的调和。在我们自己的时代里，当我们转向图像时，图片要求我们不要像对待传递信息的呆板事物那般，而是作为"鲜活的存在——它们有自己的欲求、需求、口味、要求和动力"。（米切尔 [Mitchell]，1996）

马克思和弗洛伊德，从自然科学转向建立社会科学和心理学，他们都认为这些领域必须处理客体的主体性，特别是拜物教和泛灵论。虽然他们的精力主要集中在划分过程，即在人类经验中塑造物体的主观性，但是米切尔的计划（反对这样的假设——即图形神奇的神秘内容可以归结为符号语言学的分析）是表明图像是那些既是物质又有虚拟身体的东西，也是"某种形式的主观化客体，或别的不可治愈的症状"。马克思和弗洛伊德更适合作为理解这种症状的向导，如此便可以出现一些"把它转变成不那么病态和破坏性较少的形式"。（米切尔，1996：72）

评论家指出，"视觉研究"或"视觉文化"等各种范畴的"图像转向"（包括精英和流行文化），在许多学科中都是如此。虽然这里展示的图像不是"自行走动"的图像（例如阿布·格莱布 [Abu Cliraib] 的照片），它们在存在中倾注了自己的能量，但是米切尔认为，图片所希冀的是："不能被解读、解码、崇拜、粉碎、揭露、揭秘或者吸引他们的持有者。"这甚至可能不是他们所要求的一种归因的主观性，而是"简单地被问到他们想要什么，只有这样的理解，答案才可能是什么也没有……图片的欲望可能是不人道的或非人的，更好地通过动物、机器或电子人的数字来模拟"。（米切尔，1996：82）

需要指出的是，新技术越来越多地产生"图像"，这需要两种手段来考虑某些事物是如何变得可见的，而且还认识到想象是这样的一个过程，它"通过主体间性和多模态体验来进行，不能被化约为某个个体本身，或者某个主要的感官形式或范式，不能认为这样的单个个体、形式或范式是知识和意义生产的主要形式"。（Cartwright and Alac，2007：219）本书的图像和文字也以电子书的形式出现，这只能说明需要在科学上、流行文化和交流的方式上采取一系列方法。

德里达在《明信片》中称之为"邮政话语"的发送技术，依赖于停滞、延误甚至误入歧途。他表达了对完全可交流的渴望，就像弗洛伊德在早期一篇文章《心灵感应》中提到的用腹语术说话："但是我明白了，那就是我对它的意识，我看到了深渊的轮廓；从我看不见的底部，我的潜意识里，（每当我写这个词，尤其是加上前面的物主代词的时候，我都觉得特别好笑），我收到现实的信息。必须通过星星到达火山底部，通过卫星和其他星球的暗面来通信，否则将无法抵达目的地。因为我最近发现了一个悖论，你会因此而彻底明了：因为会有心灵感应，明信片永远不能到达目的地。"（1987：16）连接过去、现在到未来的信件（或明信片），也连接着发送者和接收者、读者和文本、存在与时间，却"总是不能到达它们将往的目的地"。19世纪的幻想明信片，以及本书和电子书，展现了一些上述的特质，它们皆受制于其结构所必需的永恒漂泊。

想象未来

安德鲁·瓦特

21世纪初的我们正处于技术瞬息万变的时代，计算机、移动通信和互联网的普及是其中最具代表性的例子。我们常常会想到未来可能与过去完全不同，这有时会让我们感到恐慌，但更多的是兴奋。

100年前的人们对技术的进步同样兴致盎然。让我们回想一下19世纪的最后25年以及20世纪初的那些"第一"：

1876年，贝尔发明电话；

1877年，爱迪生的蜡筒留声机；

1879年，爱迪生的白炽灯；

1880年，第一台西门子电动电梯（1904年第一台奥的斯无齿轮曳引电梯）；

1882年，科赫发现结核菌（1890年进行首次结核菌素试验）；

1884—1885年，奔驰首批使用汽油发动机的汽车；戴姆勒的汽油发动机摩托车；

1885年，在芝加哥建造第一座摩天大楼（家庭保险公司大楼，共10层）；

1885年，首次接种狂犬病疫苗（路易斯·巴斯德 [Louis Pasteur]）；

1885年，第一辆安全自行车；

1888年，邓禄普的充气橡胶轮胎；

1888年，使用胶卷的"柯达1号"相机面世；

1891年，爱迪生的放映机获得专利（用于观看连续胶片）；

1892年，柴油机获得专利；

1895年，伦琴的 X 光片；

1900年，第一架飞艇的首航（齐柏林飞艇）；

1903年，奥维尔·怀特（Orville Wright）的首飞；

1905年，爱因斯坦的相对论；

1908年，使用传送带系统批量生产汽车（福特T型车）；

已经运用的技术也在迅速改善。例如，电力被用于交通运输——及至1890年，美国200多个城市拥有了电车线路，同年，伦敦开通了第一条电气化地铁。

因此，生活在19世纪末的人们自然会回顾他们一生中那些翻天覆地的变革，也无限向往着未来。

19世纪中叶以降，读者一直沉迷于儒勒·凡尔纳的《在已知和未知的世界中的奇异旅行》（*Voyages Extraordinaires*），这个系列的作品被翻译成多种语言，该系列的第一个故事《气球上的五星期》（*Five weeks in a Balloon*）于1863年完成。他的小说讲述的大部分是在陌生之地的冒险故事，而不是发生在未来的故事，但是这些故事对技术持有十分积极的态度，让读者感到自己即将跨过对技术已知和可行的界限。

随后的19世纪90年代出现了大量预测未来的小说。小说家对现有的技术做了大胆的推测，在他们讲述故事时，也对未来社会的发展提出了自己的想法。比如赫伯特·乔治·威尔斯的第一本小说《时间机器》（*The Time Machine*）于1895年问世，在他前后还有许多类似的作家。

科学家和社会评论员告诉公众他们对未来的期望。例如，1893年世界哥伦比亚展览会邀请了74位作家展望100年后的世界。大多数预测都是正面的——他们认为技术将提高生活质量，同时人类和社会的状况也将得到改善，但是他们的某些具体预测也的确会令今天的我们忍俊不禁！

到了这一时期，印刷技术使得有图片的印刷品更便宜也更普及。同时期的插画家们常以幽默或讽刺的方式探索着同一个主题——未来的生活。

其中最杰出的是法国艺术家阿尔伯特·罗比达（1848—1926），他被称为"插画家中的儒勒·凡尔纳"，现如今，他经常被称为"科幻插画之父",尽管"科幻小说"这个词当时还尚未被发明。本书中收录了许多罗比达的插画,这些作品主要源于他的两本开创性著作《20世纪》(1883)和《20世纪:电气生活》(1890)。

罗比达及其他插画家也是当时那些幽默杂志的常客,他们在创作中经常描绘未来,以此打趣调侃自己所生活的那个时代。有时他们会依据"如果事情继续以现在的方式发展,那将来会是什么样"的观念来创作幽默插画,有时他们还会提出"将来需要哪些发明或社会层面的发展"这样的问题,并用漫画的形式做回应。

本书插图的另一个来源是广告卡片。彩色平版印刷的发展使这些彩色卡片成为19世纪70年代后期在美国和欧洲进行商品广告和促销的重要媒介。制造商和零售商将卡片赠送给消费者,许多人将它们收藏成册。由于未来是一个有趣的话题,尤其是在19世纪末,因此,一系列的广告卡片展示了"公元2000年的生活"或类似的向往未来的主题。

随着许多国家的邮政法规的改变,明信片从19世纪90年代末开始蓬勃发展,这既是私人交流的一种方式,又能用于商品广告。就像被替代的广告卡片一样,明信片通常是由收信人收藏。明信片上的图画更多地展现了许多与未来有关的主题。

大多数插画家是为了娱乐,而非提供严肃的科学或社会预测,因此他们的想法往往是纯粹的脑洞大开。

但是有时候,他们的想法比科学家的预测更贴近真实的未来。例如，罗比达在19世纪80和90年代提出航空运输将是未来生活的主要方面，但英国皇家学会主席凯尔文勋爵（Lord Kelvin）在19世纪90年代初写道："比空气重的飞行器是不可能实现的。"（平心而论，威尔伯·怀特 [Wilbur Wright] 本人也有疑问——在他们飞行成功之后的一段演讲中，他说："我承认，在1901年我对我的兄弟奥维尔说，五十年内人类都不可能实现飞行。"）

本书所包含的主题也并不全面，比如我们并没有呈现未来的战争这一小说家和插画家都喜欢的主题，除此之外还有一些并未涉及的主题（尽管那时是热门话题），包括犯罪、世界末日以及毁坏文明的全球性灾难。我们更偏向于以轻松乐观的视角来为本书挑选图片和材料。

我的想法与100年前的一些社会评论家和科学家不同，我并不相信技术会解决所有的问题，也不相信人的本性会从根本上变好，例如，战争似乎就是人类摆脱不了的。

但我们的社会并不是就要"完蛋"了。如果我们回顾100年前美国、欧洲或日本大多数人的生活，并与今日进行比较，我们不得不承认至少在发达国家，在技术的帮助下，生活质量已经取得了真正的进步。尽管我们今天仍然非常担忧污染和生态问题，但对于我们大多数人来说，现在城市的生活比过去要健康得多。

人类社会在社会公正和机会平等方面也有了进步。最显著的例证是妇女的机会增多了——这个主题占本书的一个章节，因为这是100多年前严肃而幽默的辩论的常见主题。

本书中一部分插画是昔日幻想与今日现实的有趣组合。例如，在罗比达画中的明日巴黎，我们都将乘坐私人飞机四处飞行——即使与今天做比较，这似乎也有些夸张。但罗比达画的飞机大多数都是基于飞艇的形状，而不是长着机翼的飞机。

另一个例子是罗比达在插画中展示的未来时尚，我们可以看到与他那个时代的风格几乎没有什么变化，女性仍然戴着硕大的羽毛帽。他对时尚的主要妥协就是抛弃了长礼服，因为它们会缠住飞机的推进器（但是其他插画家对时尚的期待则大不相同）！

除了大约100年前的图片（1880—1919）之外，还收录了一些更早和更晚的插画作品。早期的蒸汽机主要来自19世纪30年代，当时蒸汽机（包括蒸汽车和公共汽车）的普及引发了人们对新蒸汽时代的未来发展的有趣联想。空中旅行也是许多插画的亮点。

我希望，当我们欣赏过去的这些图画时（今天人们关于未来的想象会如何），也启发我们去思考自己的未来以及社会的未来。

但是我们不应该太认真地对待它，别忘了专家们也不是全知全能的。比如美国专利局局长在1899年曾说："所有可以发明的东西都已经发明了。"

未来的三种运动方式均由蒸汽驱动。行走时要穿上机械靴，驾驶则要借助茶壶形的外壳，想飞上天空就要戴上翅膀。（*Etching*，英国，约1825年）

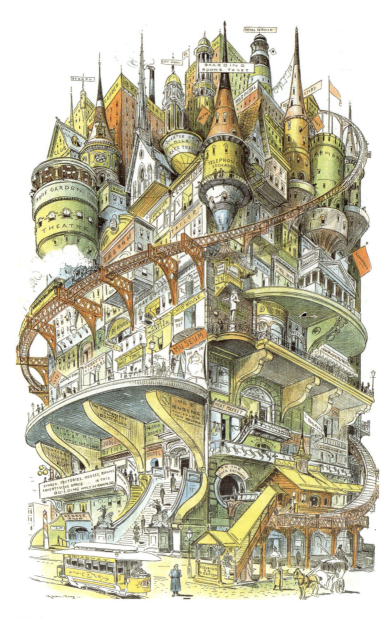

未来的公寓楼将被一条环形铁路环抱，直达265层。这栋大楼里无所不包，甚至还有跑马场。（*Judge*，美国，1890年）

一家三口漫步云端。(广告卡，美国，约1900年)

未来的城市

　　百年前，无论是欧洲、美国，还是日本，居住在大都市的人口比例都远远小于今日。即使在那时，这些城市也包容着最具活力的变化，那个时代的大多数思想者与实干家都栖居在那里。

　　如前所述，第一座摩天大厦于1885年于芝加哥市建成，虽然它只有十层楼，但建筑结构（它使用了钢架结构）和电梯的发展，让（尤其是）纽约城不断往上生长，直插云端。正如一位作家在1904年所描述的那样："在城市的每个角落，大规模的建筑都高高耸立在旧的屋顶线之上……在岛的底端，一条全新的天际线骤然出现在旧时的高空之上。"

一些插画家，尤其是在美国的插画家，运用这种趋势映射到未来，摹画出巨大而拥挤的城市，这里挤满了巨型的高层建筑，如第34页所示的265层高的公寓楼。

这些画家与画并不离谱。如今我的一个朋友住在芝加哥一幢大楼的81层，而他买杂货的超市就在47楼。他住得如此之高，以至于从窗户向外望，看不到下面的天气如何！所以我十分好奇，生活在高出建筑顶部3倍以上会是什么样的感觉！尽管我们还没有265层高的建筑，但我们的想象已经到那儿了。

另有一个不同的趋势，就是主要城市的横向扩散——整个19世纪都在上演着横向扩散的趋势，因为铁路交通将大城市以外的村庄和城镇带入人们通勤的范围里，投机者在绿色的田地上建房造屋。1898年，每天都有超过35万名工人从郊区进入纽约。

1901年，英国作家 H.G. 威尔斯精准地预测了超大城市的出现，由于交通运输的改善："纽约和费城那些活跃的公民可以'享用'（意味着居住）从华盛顿到纽约州奥尔巴尼的一大片广阔的国土，而这并不夸大。"在今天的日本，京滨地带已然是一个大城市，如今可以从遥远的静冈市通勤至东京。

关于未来城市的许多预测根植于航空运输的发展，本书另辟一章讲述（从第065页开始）。在一个大多数人乘飞机穿行环绕的城市，其中的建筑自然需要改变，最大的变化莫过于公寓的入口会在屋顶之上，著名的地标将改变它们的功能——例如，巴黎圣母院的塔楼将成为飞行器的一个站点。

如本章图像所示，这些想象中的建筑异乎寻常的迷人——它们与众多外观都大同小异的摩天大楼截然不同，那些摩天大楼塑造了后来的建筑师，如勒·柯布西耶（Le Corbusier）的非人化城市观。

本节中的插图同样也展示了一部分关于未来家园的图样。它们将实现自动化，其中也充斥着更省人力的设备，以此节省时间和精力。在画家绘制这些插图的时代，社会的现状是大量人口被雇为家庭用人，而这些图画却精准地预见到类似于用人的许多职能在未来将由机器接管。虽然现在我们的家里还没有机器仆人等着为我们提供饮料，尽管这在技术上是可行的，但是我们家用电器内置的芯片实际上是另一种形式的机器人。

建筑将设有平台，以便人们直接从寓所登上飞行器的座舱。(广告卡，法国，约1900年)

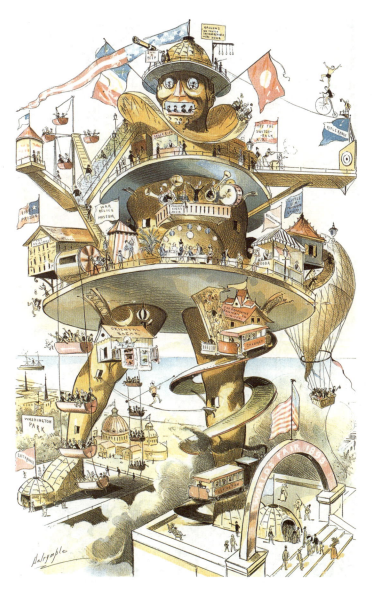

这座多功能塔楼呈现为男人轮廓（1893年芝加哥世界博览会的一种幽默概念），内有一座监狱和一座博物馆，以及其他设施。该杂志称，它不同寻常的设计将使之比埃菲尔铁塔更吸引人。（*Puck*，美国，1890年）

明日的巴黎，进入公寓的大门将设置在屋顶，我们正处于第642街道的第35区（巴黎行政区）。在这些纵横交错的天线中驾驶穿行真是一种挑战啊！（阿尔伯特·罗比达，《20世纪：电气生活》，1890年）

RUE MODERN·STYLE.

这幅插图反映出19世纪后期的新艺术风格，热爱卷曲的设计风潮。法国艺术家认为未来这个城市的一切，甚至是汽车的轮子，都将是卷曲的！（阿尔伯特·罗比达，*L'Album No.X*，约1901年）

巴黎将拥有与纽约一样多的摩天大楼。这是一个屋顶餐厅，位于一个给空中飞车停泊的建筑楼顶。左边的巨型电视正在播放从火星传过来的节目。（*Le Rire*，法国，1928年）

在未来，街道不仅美观，且清洁：优雅的痰盂；用于烧纸巾或收狗粪的容器；洗手器用于跟别人握手之前；地下厕所；在餐馆吃饭后所需的漱口水以及洗硬币机——即使是乞丐也不想接受没洗过的硬币！（《生活达人》，法国，1905 年）

未来的巴黎（以女性形象为代表），"美化"这座城市的是那贯穿建筑和屋顶的公共交通线路。（阿尔伯特·罗比达，《漫画》，1886年）

此概念也适用于纽约，"百老汇高架线"穿过自由女神像之口。(《哈珀周刊》，美国，1887年)

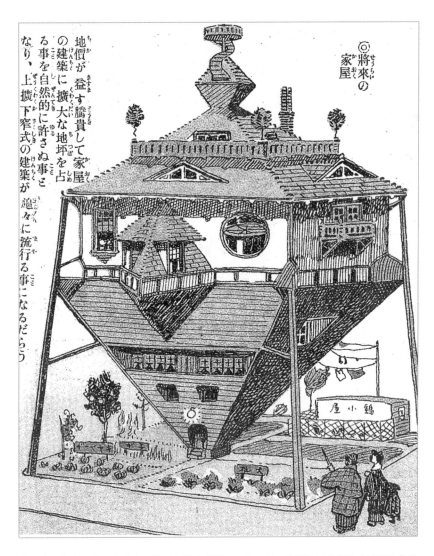

地價が益す騰貴して家屋の建築に擴大な地坪を占むる事を自然的に許さぬ事となり、上擴下窄式の建築が遉に流行る事になるだらう

◎將來の家屋

屋小鶏

在日本，缺少土地一直是个问题。但即使只有一小块土地，这种巧妙的设计也可以让你徜徉在花园里，生活区就在上头。（ Osaka Puck，日本，约1913年 ）

除了天空中的单轨铁路，在巴黎，我们还会看到飞行的大象，还有狗拿着雨伞徜徉在街上！（明信片，法国，约1910年）

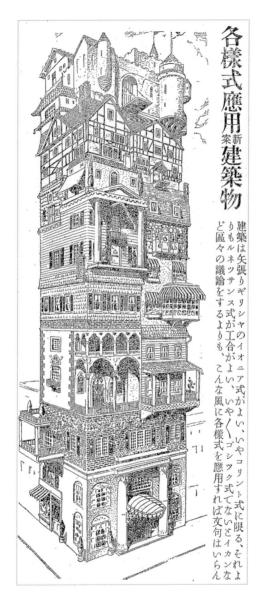

各樣式應用建築物
新案

建築は矢張りギリシャのイオニア式がよい、いやコリント式に限る、それよりもルネッサンス式が工合がよい、いや〳〵ゴシック式でないとイカンなど區々の議論をするよりも、こんな風に各樣式を應用すれば文句はいらん

日本同样也会筑造摩天大楼。大楼中每栋公寓的业主将可以选择其所在楼层的外观的建筑风格。
(*Tokyo Puck*，日本，约1900年)

将来观光的游客会被领到纽约曾经屹立的地方。导游解释道："有一天，纽约连同它的摩天大楼和地下隧道一起突然沉没了，从那以后，便再也找不到纽约了。"（《生活》，美国，1902年）

巨型的"未来百货公司"不仅包含百货商店，还包括其他景点，其中有音乐厅、酒店、学校、空中花园和棒球场。我们可以乘坐地铁、小车、汽车或飞行器到达那里。（*Judge*，美国，1910年）

未来的时代，这些城市地标会有巨大转变。在这儿，巴黎圣母院将会变成名
为"aeronefs"（名为阿尔伯特·罗比达的艺术家给将来的飞机取的名字）的
站台。顶部是餐厅和咖啡馆。（阿尔伯特·罗比达，《20世纪》，1883年）

在这种情况下，纽约开发了一个高架铁路系统（现在倒是给扯到地上了），而非地铁。于是艺术家便设想了高架列车时代的纽约天际线。（*Judge*，美国，1884年）

这幅插图作于美国"日本热"的那段时期，并展示了纽约很快将完全日本化。每个人都会穿着各种日式服装。（贴有姓名的那位正是那个时代的政治家）照我们今日的眼光来看，更像是旧金山的唐人街，而不是日本风！（*Puck*，美国，1886年）

这种好用的机器是给炎热暑天准备的，只需要一个硬币，它便会为你的脸送去好几分钟凉风，并让你的肚子迅速降温。(*Judge*，美国，1895年)

THE AUTOMATIC UMBRELLA AND CAB-CALL.

这台机器将被装在像伦敦（和东京）这样雨水充沛的城市。在槽中放一枚硬币，它会为你遮风挡雨，并从这里打电话叫出租车。（*Punch*，英国，1896年）

将来不仅仅只有日本的城市会非常拥挤。有一种解决方法是将你年迈的父母升到半空中，在你舒适地坐在下面的同时，他们可以晃着你的宝宝。遗憾的是，今天的公寓天花板太低了，无法像这样节省空间！（Puck，美国，1895年）

一个有用的组合——摇椅和钢琴。希望钢琴顶部的半身像粘得很牢固！
（*Lustiger Blätter*，德国，约1910年）

时间就是金钱！如果你登上这辆厕所巴士，就不会再浪费时间了，里面还有
一个医生，当你到达目的地时，你的便秘就治好了。（*Le Rire*，法国，1905年）

未来的家庭里会有电视、阳光灯、机器仆人以及清新空气机。老父亲在他的"观察者"屏幕上偷窥他的儿子及其女友。(《生活》,美国,1911年)

当一个工人累了，会有很多方法让他恢复精力。这是一种能够恢复体力的组合机器，同时也为他注入了更加努力的决心。(《生活》，美国，1914年）

这是一个很早的先见——机器将如何让生活更轻松。这里是一个组合风扇、胡桃夹子和葡萄酒服务器，专治酷暑——你所要做的正是躺下来享受！（《轻松生活》系列漫画，英国，1830年）

有了这个灶炉和绘画装备的组合物，女性可以同时以两种方式创造性地表达自己！（*Lustiger Blätter*，德国，1910年）

未来搬家的几个妙招。整个街区可以通过轨道运输。（广告卡，德国，约 1900 年）

未来仍然会有女仆，但像扫地机或地板抛光机这样的机器将大大减少她们的工作量。对于节省劳力设备的预判是准确的，但并不是说中产家庭就不会雇用仆人了。（广告卡，法国，约1900年）

这个精巧的空调形式专治以后办公室的闷热——冰椅，还配备冷水淋浴和冷空气机。（*Judge*，美国，1895年）

工作时，X射线双筒望远镜对老板来说是一个很大的帮助——你永远不会知道他什么时候在办公室的墙上看着你，所以工作中不再可以闲逛了。（*Puck*，美国，1896年）

这台机器看似没什么稀罕，但它可以自动从一种语言翻译成另一种语言。
（《自然》，法国，1904年）

电动的"打字加速机"，将来的文字处理器，正如1890年所设想的那样。这个打字人似乎在操作机器上不够得心应手啊！（阿尔伯特·罗比达，《20世纪：电气生活》，1890年）

也许我们可以通过无线完成所有工作——只需通过无线电波将你现在的家与新的家连在一起，所有物品都将在空中飞行而无须再做任何其他事情。（Puck，美国，1911年）

这是未来机械化房屋的另一个例子。在此控制中心的一名仆人可以管理整个房子——这是对今天"智能建筑"饶有趣味的预测，尽管计算机已经接替了人的角色。（阿尔伯特·罗比达，《20世纪：电气生活》，1890年）

善良的雇主会照顾工人们，满足他们的需求。这个工作站配备了各类便利设施，包括帽架，放书的架子——以便她工作烦累时可以解解乏，甚至可以放一包口香糖。(*Puck*，美国，1911年)

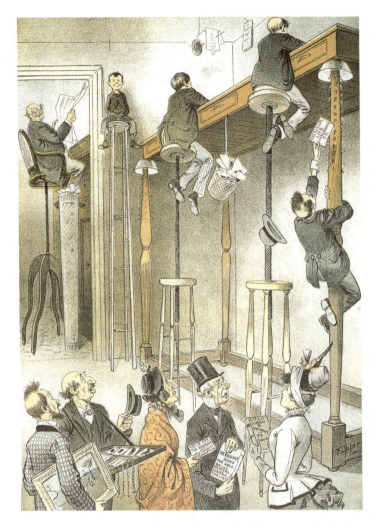

将来办公室会是一个繁忙的地方——人们频繁来来往往。这是一种确保员工专注于工作的方法——将他们放在远离地面的高凳上。他们将免受推销员的影响,并且(另外一个优势)将无法漫步到其他人的桌子那儿,谈论昨天的足球比赛。(*Puck*,美国,1886年)

飞行的卡车以及能够飞行的搬家人员，可以轻松地从建筑物的上面搬家具——希望他们不要放下那架钢琴！（*Puck*，美国，1906年）

未来的漫游

虽然汽油发动机直到19世纪末才开发出来，但在19世纪20年代，蒸汽汽车已经穿行在大路上了。当时的一些画家已经预想到，充斥着蒸汽车的城市街道会非常繁忙拥塞，正与我们现在的生活情形一样。在这种情况下，蒸汽车从未达到这种盛况，直到19世纪末，马车交通仍占主导地位。

在20世纪的最后几十年，汽油动力汽车（以及电动汽车）首次进入人们的生活。起初，汽车是富人的玩物，而不是后来被普遍拥有的产品。1900年，美国生产的汽车总数仅为4192辆！美国第28任总统伍德罗·威尔逊曾预测，汽车将通过强调贫富差异来传播社会主义情绪。后来，亨利·福特大规模生产的T型车将汽车推向了更广泛的家庭。

但是即使从更早期开始，插图画家就充分想象了汽车将来对我们生活的影响，以及汽车通过哪些可能采取的形式来产生影响。

20世纪末的另一项主要交通发展是安全自行车——它早于汽车的传播——同样地，插图画家热衷于想象它将来会如何发展。一个有趣的插图展示了自行车交通与其他交通分离的时代——这是当今许多国家的趋势。

可怜的行人通常被认为是交通革命中的失败者——事实上，漫画的揶揄是在建议行人应该获得许可证，任何不挂牌照上街的人都应该被逮捕！我们还将发明移动的人行道和动力旱冰鞋来帮助我们在地面上行走。

我们将能够通过铁路交通从欧洲到中国旅行——这并不是技术问题，因为轨道已经勾连了美国的两个海岸。

远洋轮船将与建筑物一样越来越庞大——事实上，它们会更像是漂浮的城市。我们还可以借助自己的力量穿越大洋，使用脚踏车，并在气球或水鞋的帮助下行走于水上。与此同时，还有许多人会生活在海底。

回到地面上，气动"真空管"会把乘客投向全国各地或来往于大陆之间，而且通勤者乘坐地铁能够在几分钟内被送到郊区。从19世纪早期开始尝试使用真空作为交通运输的方式，包括气动管——1829年印在杂志封面上的，畅想连接英格兰和印度的真空管。在19世纪60年代生产出一个真正的气动轨道设备，整个车厢在管内，设置在伦敦市中心和其中一个郊区之间，1872年的纽约地下铁路采用了相同的原则。

但这是一项从未真正让人类的交通有飞跃性发展的技术，尽管它多年来在伦敦和巴黎一直用于将邮件从城市这边运送到城市那头。

通过无线电波运输是我们在科幻小说之外尚未实现的一种交通方式，然而这是最快的方法！

19世纪上半叶正是刚有汽车的早期，蒸汽是动力的源泉。这辆想象中的汽车有一个巨大的波纹管，以确保炉子足够热。高高的烟囱将烟雾吐入空气里，就像今天卡车上的排气管一样。（*Le Charivari*，法国，约1834年）

1900年前后，尚不清楚汽油发动机还是电动汽车哪一个会成为未来的标准。这是未来电动汽车的充电补给站。（阿尔伯特·罗比达，*Le Monde Moderne*，法国，1895年）

未来的汽车不会受限于以往传统的设计。这里有三个1911年时给出的有趣假想——一辆会跳跃的车、一个高大的自动骆驼和一辆外形可怖的独轮车。(《皇家汽车俱乐部》，英国，1910年)

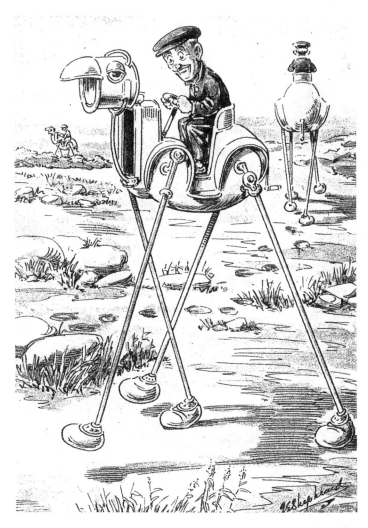

自动骆驼对于解决交通堵塞有奇效，因为人们可以驾着它跨越其他的交通工具（除非其他人都有一辆自动骆驼）但是，如果有人从骆驼上跌落，那他就有得走了！（《皇家汽车俱乐部》，英国，1910年）

外形可怖的独轮车。(《皇家汽车俱乐部》，英国，1910年）

正如1828年预见的，这是伦敦将来的高峰时段。蒸汽公交的线路与其餐饮质量可以一较高下，但如果你仍然感到饥饿，可以在图片左侧的移动商店购买面包。(《蒸汽的进程——怀特察普尔路上的风景》[The Progress of Steam-A View in Whitechapel Road]，版画，英国，1828年)

在这个未来的家庭式三轮车中，八个家庭成员（包括婴儿）坐在一起——这就需要很多道路空间了！右边那个面有凶相的女仆和左边的爸爸一起来踩脚踏板。如果路遇颠簸，那只狗似乎就会被弹起来！（*Puck*，美国，1884年）

随着交通的高速发展，行人的日子便更加危险了。有一个解决方案：在所有车辆前面加一个挡板，避免行人被轧着。（*Puck*，美国，1896年）

汽车的外观设计将根据不同的品味进行定制。（*Punch*，英国，1903 年）

2000 年，我们就可以在水上散步了。我们都有自己独立的气球和水鞋，以保持漂浮，
或是骑独轮车。每个人的着装似乎都不太适合在水上行走！（广告卡，荷兰，约
1900 年）

动力旱冰鞋可以帮助我们出行，尽管在20世纪初的图片中，它们被用于娱乐，而不是用于实际交通出行。这对夫妇正在练习舞步，他们看上去像在公园里——因为没有看见车辆。看他们身后的男子，脸着地摔了，便可知保护膝盖和肘部似乎是很合理的。（广告卡，法国，约1900年）

行人都需要获得许可，没有许可牌照的行人有被驾驶者谴责甚至有被捕的风险。这汽车本身是没有牌照的。（*Puck* 月刊，美国，1910年）

即使没有气球，我们也能用这些水鞋（或者应该被称为滑水板？）在水面上行走，它们具有内置的浮力。这个日本男孩的鞋没有动力，希望他不会在行走时遇上逆流！（*Mirai Sugoroku Children's game*, 出自《日本少年》，日本，1918年）

在日本，动力旱冰鞋也将帮助孩子们准时上学。在这张图中，电池安置在腰部，双脚都放在一个滑板上，这是一种滑板的微型版本。（*Mirai Sugoroku Children's game*，出自《日本少年》，日本，1918 年）

未来会是一个长途列车的时代。这是2000年的电动快车来往巴黎和北京。车厢高高地安置在铁轨上方。不过车轮看起来不是很稳！（广告卡，法国，约1900年）

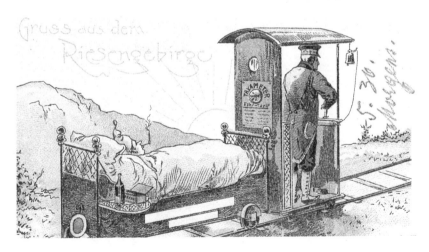

在轨道上行驶的带床的士——乘客躺在床上，戴着帽子以保暖。（这车似乎没有给人坐的选择）在他身边，有一个小架子上面放着一盒香烟和一个瓶子，但没有酒杯。运气不错，天气很好。但若突然下雨，这哥们儿会怎样？司机很幸福——至少他的头上有个顶。（明信片，德国，1901年）

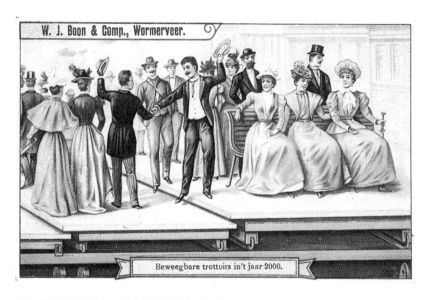

W. J. Boon & Comp., Wormerveer.

Beweegbare trottoirs in't jaar 2000.

1900年的巴黎博览会的确安装了并排排列的移动走道，而且能够以不同的速度移动。从当时的照片上看，女士们失去了平衡，且让人瞥见了露出的大腿和内衣！这幅未来移动人行道的插图让这个理念变得没有合理性——正如艺术家所画的，整个想法是，从一个较慢的平台上升到一个较快的平台，且平台在不同的层次上向相反的方向移动是毫无道理的。（广告卡，荷兰，约1900年）

一个串座的双人自行车由爸妈一起踩动，前后有儿童座椅。前面的小型便携式风琴（organette）放着悠扬的音乐，由前轮来驱动。（*Judge*，美国，1891年）

这个想法是将自行车交通与未来拥挤的城市中的行人及其他交通分开——此一例来自汽车前时代。（*Puck*，美国，1893 年）

PUCK

THE INGENIOUS FARMER.
He Was Tired of Turning Out for Automobiles, so He Now Keeps the Middle of the Road.

同一条道路上既有马车交通也有汽车并非是一个好搭配。为农民的推车配备这种设备则不失为一个解决方案——他们可以继续在道路中间行驶，而且汽车司机可以超车而不用减速。（*Puck*，美国，1911 年）

海洋旅行者不必依赖船了——他们将能够借助自己的力量，脚踏自行车穿越海洋。他们带着食物，但如果他们昏昏欲睡会发生什么呢？（明信片，荷兰，1906年）

未来的远洋邮轮就像漂浮着的城市，庞大到需要交通工具才能从船的一端到另一端。（*Puck* 月刊，美国，1906 年）

（明信片，荷兰，1906 年）

日本的幽默杂志 *Tokyo Puck* 与上一幅图有着同样的想法——只不过增加了一些枪械。（*Tokyo Puck*，日本，1906 年）

缆车可以解决长途陆地旅行的困窘。所以从纽约到波士顿的旅程——大约350公里——只需40分钟。这是一个可以从快车换到本地线的车站。(《生活》,美国,1912年)

更快捷的旅行方式将通过遍布全国、纵横交错的气动管道来实现。这是法国部分景观，摄于700米处的一架飞行器（aeronef）。（阿尔伯特·罗比达，《20世纪：电气生活》，1890年）

高峰时段，巴黎拥挤的地铁站。通勤者正赶往巴黎－马德里快车，将继续前往直布罗陀和丹吉尔。（阿尔伯特·罗比达，《20世纪》，1883年）

快，快，快。进入气动管，你几乎马上就开始工作了。但准时上班这一标准将会反映在行程的速度上——可怜的白领仅迟到了2秒就有麻烦喽！（《生活》，美国，1901年）

下班后回家也会快得多。这个真空管将在"短短几分钟"内将这些通勤者送回家。看起来和在城市工作没两样，他们的太太同时也叮嘱他们采购家用！（*Puck*，美国，1896年）

但我们不必依靠飞机、铁轨或管道去这儿去那儿。我们将能够沿着无线电波进入这台机器，你可以在3秒钟内前往曼哈顿的另一端，或者在1分钟内前往康尼岛游乐园。这种方式也将加速运送食物（左上）以及方便搬家（左下）。（*Puck*，美国，1899年）

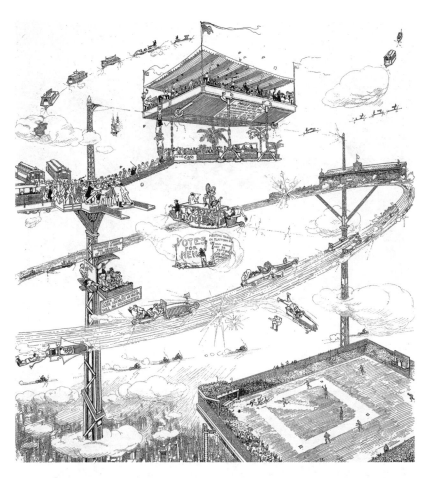

你可以通过无线方式，去观看空中的职业拳击赛（图片顶部），或去参加空中的比赛。这幅图的中心，正在云上绘制一个要求"男人投票"的标识。(《生活》，美国，1911年)

人类将生活在海底，他们将需要水下运输。在节省燃料方面，最为经济的方法是鲸鱼巴士服务。鲸鱼在携人类遨游时似乎并不太高兴！（广告卡，法国，约1900年）

水下卫兵将乘坐河马。他们是在追着男孩子们去上学吗？（广告卡，法国，约1900年）

Promenade au fond de la Mer

海底漫步是那么愉悦，在欣赏海滨长廊时向朋友打招呼。从这张图中并不清楚他们将如何交谈，但或许每个头盔内都有一个无线通信系统。（广告卡，法国，约1900年）

但要注意勿花过多时间和朋友游戏——你太太必会生气，跑下来把你带回家！（*Le Rire*，法国，1932年）

空中生活

正如许多国家的神话和传说中所述，数千年来人类的想象力遨游在对飞行的憧憬中。列奥纳多·达·芬奇在15世纪末设计了一架直升机，尽管它只是作为一个模型飞行器。在16、17和19世纪的许多奇幻小说中都有空中旅行的桥段。

1783年在法国，人们用一个无绳气球，完成第一次载人飞行。从那时起，就开始了一系列飞行器试验，其中包括比空气轻的飞机，也有比空气重的。但一直到1852年，第一艘载人飞船才成功完成飞行——亨利·吉法德的蒸汽动力飞船。人们苦苦等到1903年，世界上才有了首次飞行的载人重型飞机。

但早在20世纪末之前，人们就在猜测航空运输的变革，当时人们颇有趣味的一些想法可以在本章的图片中略知一二。

例如，房屋将不再需要待在地面上——你可以永久居住在天空中。即使你仍然在地球上，每个人都会拥有自己的个人飞行器。富人乘坐飞行器仍然由司机代劳，只是换去空中驾驶，而不是在地面上。

多年来，人们设想了许多不同的飞行概念，包括向体内注入气体，穿上由小螺旋桨驱动的翅膀或气球，或骑在踏板气球上，以及更常规的飞行器。当然，他们无须考虑其幻想在科学上是否切实可行。

就像今天一样，长途旅行自然是需要乘飞机的。有时会想象乘坐的飞行器是有翼飞机，有时是大型的飞船。

但是，城市中的在地旅行也将通过飞行器完成，也许是空中巴士、空中出租车以及个人飞行器。交通警察自然需要适应这种情况，他们也需要飞到空中。在火灾发生时，消防员将不再需要梯子攀爬至建筑物的顶部——他们会插上翅膀，或在飞行的消防车上执行公务。"航空邮件"的字面意思是——邮差都会乘飞行器来派送邮件。甚至街头音乐家也会在空中飞行，飞到建筑物的上层，演奏管风琴，直到听众付了钱，方才离去。

事实上，我们今天还远没达到这种出行的阶段，尽管在某些相距很远的地方广泛地使用了小型飞机。我知道的一家伦敦公司的总裁每天早上乘直升机去上班。当一个人被塞进一辆拥堵的东京地铁车厢时，个人空中旅行的想法就会越来越有吸引力了！

我们都期待个人飞行。你所要做的就是去交通公司，让他们在你的臀部注射一种特殊的汽油，便可以飞向天空！（雕版画，法国，约1785年）

这是一台格外奇怪的机器。我们正处于航空旅行的时代，但司机显然是一名水手。他为飞机装备了美人鱼的尾巴，方向盘就像一个船轮。前头的东西乍看起来像是一个巨型开瓶器——它的用途是什么呢？（广告卡，法国，约1907年）

这种方法有点费力——你必须系上气球，并在腰部系一个螺旋桨。在中间的男人还以为他可以不带妻子一起离开，但她并不同意！（明信片，德国，约1906年）

这是1830年所想象的航空旅行的未来。这是乘坐着蒸汽火箭的高莱利先生。上头的标签写着"保证不会爆炸"。现在他需要的只是如何将帽子牢牢地戴在脑袋上的方法！（石版画，英国，约1830年）

如果生活也像这般简单——绑一个水壶在身后，然后向前！不了解这对钳子的用途——也许他是要在高大的树顶上摘苹果！（铜版画，英国，1825年）

纽约，在百老汇的途中交通拥堵。(《生活》，美国，1907年)

迅速地向住在楼上的人问声"早安"。中间的女士带着伞，但这位彬彬有礼的绅士却忘了带伞！（广告卡，法国，约1900年）

乘飞机的晚间漫步，每个人都携着灯笼。这是一对已婚夫妇吗？或者，他是要接她呢？（广告卡，法国，约1900年）

在屋顶上休息片刻，愉快地交谈。只是坐在这儿，他们俩都不会很舒服，特别是右边的男人。如果有人在楼下点火，会发生什么？（广告卡，法国，约1900年）

顶端是未来一个繁忙的飞行学校。就像今天我们必须学开车一样，将来必须学习飞行。如果你的体重过重，就不那么容易了（左上）。希望有人能在你降落的时候，抓牢你。就算是火车也有翅膀。（*Münchener Bildergogen*，第1118期，德国，1895年）

富人仍然可以表现出他们的优越感，司机载着他穿过公园，另一名仆人坐在他旁边。当他们开车经过时，左边的男孩们对他们大喊大叫！（明信片，英国，约1901年）

美国幽默杂志 *Judge*，建议将这种设计用于踏板气球，并为他们的杂志做宣传。看起来很辛苦啊！（*Judge*，美国，1897年）

像其他人一样，街头音乐家也需要与时俱进，坐着飞行器在空中秀才艺、行乞讨。（*Huit Pages d'Humor*，法国，1909年）

你想永远生活在天空中吗？那就可以买下新圣云城堡了（顶部）。犬星酒店位于城堡的下方，但如果你经常去，可以乘"教会使团"号飞机（中间右侧）去参观。（1840年10月的《漫画年鉴》，英国，1840年）

空中有狭长的村庄建筑，它们拴在地上，可以坐缆车进出。（《自然》，法国，1900年）

未来的城市将有专门的空中出租车站，乘客进入街道，乘电梯至乘车平台。当乘客上车时，出租车将悬驻着，飞行员可以折叠出租车的两对机翼，它就可以尽量接近车站的平台以方便人们进入。但需小心！右边那位司机的割穿出租车的机翼！（广告卡，法国，约1900年）

屋顶上的妇人要求乘坐空中巴士434路。司机旁边的男人好像在晕机！（明信片，英国，约1901年）

Aéro-Taxi dans 20 ans.

"出租车！出租车！"这个空中驾驶室大约正在向下滑行，因为螺旋桨似乎没有旋转。（广告明信片，法国，约1910年）

空降的日本消防员用一个看起来似乎很大的喷壶，从上方倒水。（北泽乐天，
Jiji Manga，日本，1924年）

在21世纪，消防员将插上翅膀，如果火灾发生在高层建筑的顶部，他们就不必担心梯子——他们只需飞上去。所以这位女士和她的孩子将被飞行的救援人员安全地带到地上。（广告卡，法国，约1900年）

法国空警正向女飞行员发出停止的信号，但似乎她不会停下来——她飞机的螺旋桨仍然以最快的速度旋转。（广告卡，法国，约1900年）

空中交通管制。日本警察正在气球下面盘旋，气球固定在他的头盔上面——但头盔没有带子，他怎么把它戴在头上并稳定住的？（儿童书，日本，约1930年）

当你乘飞机长途旅行，你到达目的地时仍需要回到地面上来。这不失为一个妙招——背着降落伞降落。（广告卡，法国，约1900年）

两幅插图展示了未来的邮件传递。传递方式似乎不太便利啊。住在乡村里收邮件，你需要把身体探出阳台才行。在城市里，你可以爬上搭在建筑顶部的特制塔楼。

（广告卡，法国，约1900年）

8. Le Train Bombe 100 kilomètres à la seconde.

这是一种更夸张的交通方式——一架空中列车以每秒100公里的速度，从火箭中射出！右侧，带翅膀的自行车看起来就不那么吓人了。（广告卡，法国，约1900年）

前往纽约的"Xpklzopicliodon"接载乘客。船长戴着双目眼镜——对于飞行员来说这是一个便利发明。（"两百年后"，雕版画，英国，1830年）

柏林到墨尔本的飞船看上去很舒适，还有餐厅和沙龙。（广告卡，德国，约1900年）

相比之下，巴黎—伦敦—纽约航班上的部分乘客，将不得不一直坐在外面！（明信片，法国，约1905年）

男人、女人与孩子

在19世纪的大部分时间里，中产阶级及往上阶层的男女关系，受到许多习俗和规则的约束。例如，社会认为未婚男女不应该单独待在一起，而需要一个陪护人。

但到了19世纪末，自行车和稍晚出现的汽车打破了许多社会藩篱。当插画家畅想个人航空旅行的时光，他们便发现这将实现更大的社交自由。一个年轻人将能够在他的飞行器上与他的女朋友约会，当他来到女友房间的窗外，她的父母并不会知晓。

尽管婚姻中男女之间的关系会随着女性更加独立而有所改变，但很少有人期望婚姻会完全脱离规范。（在本书后面的章节中将讨论"新女性"。)

一位美国作家在1893年有一个可怕的预测，即"所有婚姻都会幸福——因为法律将处死任何没有合适的身体、心理和经济资格的男性或女性"。幸运的是，我们现在就算未经政府批准，仍可自由结婚！

传统上，没有结婚的男性被认为是古怪的"独身主义者"，但他们并没有被人瞧不起。但是，没有结婚的女性经常被鄙视为"老处女"，那些人的假设是，未婚女性从未遇到任何会向她们求婚的人。阿尔伯特·罗比达提出，未来广告将用于女性寻找丈夫。她们的嫁妆有多少也会在广告中标明。然而，从1830年开始，更早的那些例证表明，未来男性也会为娶媳妇来打广告。

有人预测，举行婚礼仪式的可选范围将更广泛。例如，一对夫妇结婚的地方可能在一个不同寻常的地方，比如在自由女神像的顶部，或在海底。这让我们想起日本最近有一个"orikon"婚礼的趋势。

或许整个仪式将变为自动化的，甚至买戒指用投币式自动售货机。

富人和名人的婚礼将成为主要的媒体事件，他们将在街头行进中举行婚礼。这也大致贴合今天的事实——我们都想看到某位著名的体育明星或电视明星订婚的新闻。

但要注意——飞行器也可以用来监视你。因此，如果你在婚后邀请一位女士来家中，请拉上窗帘——私人侦探可能正在窗外徘徊。

自动化对于带孩子而言也是极有用处的——我们将有专门的机器给婴儿喂食并哄他们睡觉，他们会坐着机动婴儿车出去兜风。教育也将变得自动化，知识通过耳机传递到孩子们的大脑。

Les Elégants   Ballon dirigeable

当我们都可以乘飞机时，男女碰面的机会就会增加。但礼仪仍然很重要，所以先生们，当你遇到一位认识你的女士时，请不要忘记行脱帽礼。图片中的实际情况并不明确。他是在街上偶遇一个漂亮的女孩吗？或者这是与左边男人的妻子进行非法约会？（广告卡，法国，约1900年）

乘飞机约会时，切记需要有人控制好飞机。与这张照片中的情侣不同，请保持你的热情，直到安全回到地面上！（明信片，法国，约1905年）

从事"最古老职业"的人们将从通道走到屋顶,寻找他们的客户。(*Les Pages Folles*,法国,1910年)

求婚者不必获得从正门进女友家的许可，因为他可能会被女友愤怒的父亲拒之门外。他可以神不知鬼不觉地徘徊在心上人的窗口（除了屋顶上的猫看见了）。这个年轻人似乎没有想过用他的机动气球，载着他的女友去骑车，因为篮子容不下第二个人了！（明信片，英国，约1909年）

在将来唯物主义社会中，年轻女士需要广而告之——她们将为婚姻财产契约带来的金额，或者她们将会继承多少遗产。各类影院的窗帘将是一个绝佳的广告媒介。（阿尔伯特·罗比达，《20世纪》，1883年）

在婚礼前一周，新娘的嫁妆和他们收到的结婚礼物将在街道上游行展出。珠宝占据了展示马车的大部分空间，包括来自"Biffany"的礼物——著名的蒂凡尼（Tiffany）公司当时已经创立了。（*Puck*，美国，1887年）

未来求偶的两种广告方式。首先不需要投资，只需将"欲寻一个太太"的海报贴在你的背上，在公园里漫步，这样每个人都可以看到你俊俏的脸庞和优雅的身体。求偶申请应在稍后邮寄——并且不要忘记在信上盖章！（来自 *Living Made Easy* 系列漫画，英国，1830 年）

情侣约会可乘坐这辆"爱的巴士"，它载着情侣们穿行于巴黎的诸多景点。在屋顶花园里调情，有纸灯笼，生机勃勃的树木和其他绿植，他们也可以到楼下的小屋中小憩。（*Le Rire*，法国，1905 年）

未来的夫妻希望在不寻常的地方结婚，例如在自由女神像的顶端。近年来，正如 *Orikon* 这个字所表示的，日本的夫妇也想追求一些与众不同的东西。（*Puck*，美国，1887 年）

也许整个婚礼仪式将变得自动化。将申请文件从机器的一处放入，结婚证书将从另一个口出来。新娘和新郎，以及他们的亲朋好友仍然会为婚礼盛装打扮。（*Jugend*，德国，1904年）

SPLICED AT THE BOTTOM OF THE SEA!
The Bride, Groom and Preacher all Dressed in Diving Suits!

另一个想法是在海底举行婚礼。新娘的潜水服需要特别设计，以便她可以在海底穿婚纱。除了牧师之外，照片中没有其他人——也许这就是为什么他们要在那里结婚，以阻止他们的家人参加！（*Puck*，美国，1887年）

未来，富人和名人的婚礼将成为主要的媒体事件。记者将占有最佳座位，摄影师和艺术家则记录仪式的每一个细节。（*Puck*，美国，1895年）

儿童总是喧闹不已，惹人烦躁。170年前给的解决方案，就是这个便利的发明，玻璃罩子并配备通向窗户的通风管。孩子们在安全的看管范围内，妈妈可以坐在椅子上，而爸爸则安静地读报纸。（来自 *Living Made Easy* 系列漫画，英国，1830年）

不再需要阅读教科书了，也不再需要教授讲课！教科书将被放入一台将书本信息转换为电脉冲的机器中。学生用看着像耳机的东西接收输入的信息。(广告卡，法国，约1900年)

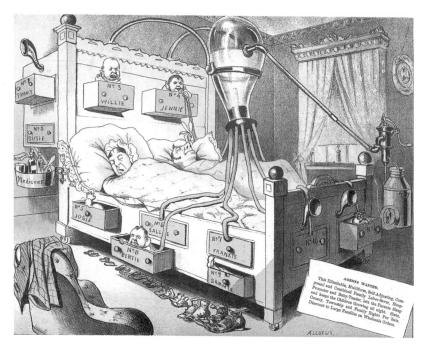

对大家庭的父母来说，自动化有极大的益处。有了这种自动喂食器，就可以喂饱婴孩儿，而无须吵醒他们的父母。不幸的是，这种特殊的喂食器模型，没有足够的管子供所有婴儿使用，并且妈妈和爸爸即将被三号抽屉的威利吵醒了。（*Judge*，美国，1885年）

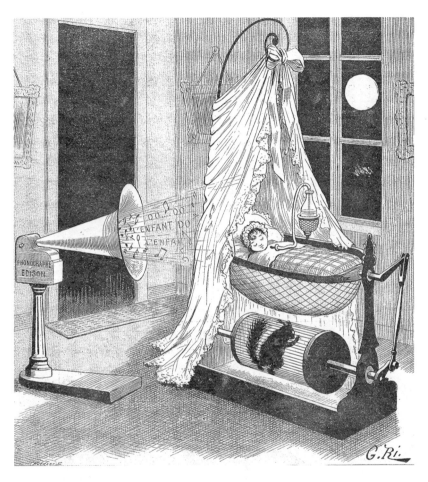

以后不再需要保姆了。取而代之的是一台音乐机器，会让婴儿安睡在温柔的摇篮曲中，摇篮也将整晚轻晃而不需假人之手。摇篮的动力不是电，而是下面跑步机上的小动物！（*Bon Vivant*，法国，1900年）

所有这些教育带来的结果将是一个被扩大的大脑，以便未来的人类成为真正的书呆子。（阿尔伯特·罗比达，《20世纪：电气生活》，1890年）

未来的爸爸带着他的孩子出门，飞行婴儿车载着宝宝，就不必留意避开石头或坑洼的道路。这样他就可以在带宝宝散步的同时读报纸了。（*Puck*，美国，1896年）

另一位爸爸正在照看他的宝宝，但他并不打算从正读得津津有味的小说中分神。这不是问题，用这个遥控婴儿车——按下按钮，宝宝就回到他旁边了。（*Puck*，美国，1895年）

在崇尚速度的时代，每个家庭都需要一辆机动婴儿车——否则找不到保姆来照看孩子。年龄较大的孩子将乘着机动踏板车上学。（De Prins，荷兰，1924年）

当然，有时丈夫或妻子会在情人的怀抱中寻求慰藉。在过去（左上角），私人侦探会透过酒店房间的钥匙孔或门上方的玻璃横梁偷看，但将来他们会在窗外徘徊，收集离婚所需的证据。（Puck，美国，1909年）

未来的美食

科学过去就被认为将在改善我们的食物方面发挥至关重要的作用。例如，1900年前后，发明家哈德森·马克西姆写道："总有一天会找到种植与苹果一般大小的草莓的方式……蔓越莓、醋栗和葡萄干会跟橘子一般大……各种各样的夏季水果都会像现在的土豆一样，能够妥善储存，安然过冬。"也有一些人对技术的作用愈加怀疑，近来对转基因食品的争议，正表明了这种怀疑其实从未过时。

但有人预计到了2000年，食物的整体概念会发生变化。例如，女权主义者玛丽·莱斯于1893年用热情的言辞表达了这种希望："科学将采取浓缩的形式……今天在玉米粒、小麦的颗粒以及果实的甘美汁液中发现了细菌的生命力。这生命的小小瓶子源于地球母亲沃土的怀抱，将为人类供应数天的生存所需。"

许多插画家预测我们将来除了药片或化学混合物以外，别无所食，所以厨房看起来就像实验室。还好这预测并未成真。现在人们普遍服用维生素和其他补充营养品，或许表明我们正朝着这个方向前进，但事实上，随着生活水平的提高，今天可能会有更多人乐于准备和享受美食。

阿尔伯特·罗比达对食品的大规模生产之预测的确变成了事实，但他对通过管道将做好的食物送到家里的想法，仍然是一个梦——比萨仍然是外卖员送来的！

早在19世纪末，美国人就开始注意到以后用餐只能狼吞虎咽的趋势。本章中的几幅插图将这种吃饭趋势幽默地投射至幻想未来——工人们吃午餐时间只有几分钟，而孩子们则被自动化喂食，这样他们就不必从学习中抽出时间吃饭。

时至今日，像麦当劳这样的"快餐"机构大行其道，表明这种趋势仍在继续，但幸运的是，他们没有想到插画中的"用餐潮流"。今天的许多办公室白领，似乎都是在他们的办公桌上匆忙进食，而不是在每日的工作中适当休息一下。

空中生活将为空中酒吧和空中餐馆带来新的机遇。我们将能够舒适地坐在飞机的机翼上。但交警会盯住酒驾的飞行员！这些都还没有成为现实。想要在空中享受食物和饮料，您仍然需要购买机票。

我们也可以享受在水下咖啡馆里通过头盔的导管啜饮美酒咖啡——这是另一个尚未实现的预测！

1893年发出了一个警告，随着技术的进步，肥胖和缺乏健康将成为一个更大的问题："也许竞赛没那么健康，因为它会更多地导致久坐的习惯。"正如市面上众多轻松减肥的书籍和产品所表明的，20世纪已经看到肥胖人数的确增加了，同时人们也越来越担心变胖。要是第126页的机器真的被开发出来，那就好了——减肥立刻见效，无须节食或锻炼！

典型的未来厨房——没有那么多的锅碗瓢盆,也没有那么多的生食,有的只是直接来自实验室的设备。还好,我们的食物尚未变成一系列营养药丸或化学制备的食品。(广告卡,法国,约1900年)

孩子们没有时间吃饭。餐桌上供应的是书而非食物。当你读书时,插入背部的管子会提供身体所需的营养。(*Pears Christmas Annual*,英国,1919年)

一些孩子从小就开始工作，不接受任何的教育。他们也需要一些营养，这台机器将沿着它们上方的铁轨移动，在他们工作时将豆汤、脱脂牛奶和不新鲜的面包屑喷入嘴里。（《生活》，美国，1914年）

办公室白领将在办公桌前吃饭，正如今天许多人一样。每个工作站都有一个直接把汤、茶或液体三明治送入他们嘴里的管子，这样工作者就可以在获取营养的同时继续写报告。(《生活》，美国，1901年）

过去关于汽车如何改变我们的生活已经有了许多想法，购物是汽车预计会影响的一个领域，特别是在送货上门和移动商店方面。在图中，移动卖家昼夜不分地提供热牛奶，并将新鲜出炉的面包送到家庭主妇的大门口。（阿尔伯特·罗比达，《自然》，法国，1895年）

户外用餐将成为将来健康生活方式的一部分。骑着这个移动餐车工作会很愉快，你开车的时候还可以吃早餐，然后在晚上享用牛排和美酒。（Le Rire，法国，1905年）

烹饪公司将在订户家中安装不同的营养单元。除了液体，烤肉和鱼类等固体食物也会随时通过管子运送到家。（阿尔伯特·罗比达，《20世纪》，1883年）

得益于尤拉莉亚和她的飞行餐厅，她为口干舌燥的飞行员提供啤酒和葡萄酒，空军新兵的生活将变得更加愉快。（明信片，德国，约1910年）

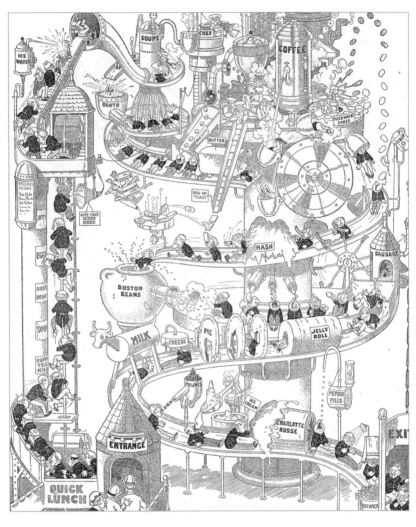

当你从环道上走过，会经过食物分配器，将食物放入口中，而非食物从你身边经过。这个环道上保证了全套的晚餐，还有治疗消化不良的药片，甚至可以洗脸淋浴！（《生活》，美国，1911年）

WE ARE HAVING A GOOD AIRING.

我们可以坐在飞机的机翼上享受空中午餐。十有八九，服务员得把食物从位于机身中的厨房里拿出来，不过它看似没有太多的空间！（明信片，英国，约1919年）

我们停留在海底享用茶点。潜水头盔不会妨碍你的享受，因为容器中有管子通往饮者的嘴里。（广告卡，法国，约1900年）

在跨海峡航班飞往伦敦的过程中，航空旅行者被邀请降到海平面上，在漂在海面上的商贩那里，拿起一杯葡萄酒或一包香烟。但似乎有些实际的问题存在——图中小型飞机的飞行员正在购买香烟，但他的飞机机翼不会砍掉那个"Tabac"的标志吗？——同时砍掉的也可能是女人的头！他如何在飞机不停的情况下，买东西付钱以及收取零钱？（广告卡，法国，约1900年）

未来，警察需要留意酒驾司机——在空中。这位在机动气球中的警察隶属于"天体大队"。
他对着醉酒的飞行员大喊："如果你不知道该如何好好驾驶，我就必须扣押你的气球了！"
（明信片，法国，约1905年）

飞行酒吧在法律禁止饮酒的地方很管用，饮酒者在飞行酒吧上冲着警察嗤之以鼻。制作这张图的艺术家似乎不认为警察可能也会有飞机。（*Puck*，美国，1882年）

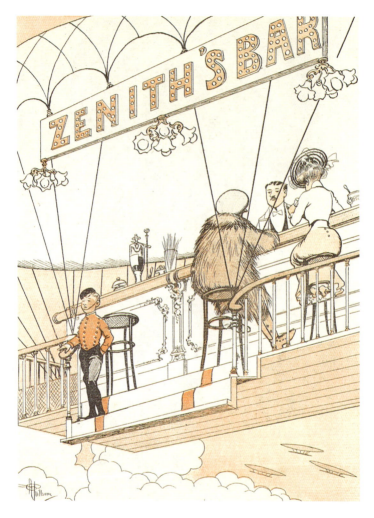

空中会有各种类型的饮酒场所。从这个服务生问候来客可以得知这显然是一个高级的场所。这名男子身穿皮大衣，但其他人都是普通的衣服。不知道那里有多冷呢？（L'Assiette au Beurre-A Nous l'Espace，法国，1901年）

由一种有用的电缆系统贯穿城市，为那些喝高了的人提供便利。警察会将醉酒的人挂在上面，用一块木板指示他们应该脱钩即被放下的地方，或者他们需要换钩的地方。(*Judge*，美国，1892年)

未来我们将有更强烈的健康意识，而且我们会想尽一切办法来做运动。所以厨房健美操将很流行，因为家庭主妇在做家务时会找到新的锻炼方式。丈夫们则成为太太们的跳马。（*Puck*，美国，1880 年）

9e ANNÉE. — No 13,   **10 Centimes**   29 MARS 1903.

Le Pêle-Mêle

POUR TOUS & PAR TOUS

FRANCE : UN AN **6** fr. SIX MOIS : **3** fr. **50**	Journal Humoristique Hebdomadaire	Tous les articles insérés restent la propriété du
ÉTRANGER : UN AN **9** fr. SIX MOIS : **5** fr. »	7, Rue Cadet, 7, PARIS	journal. — La reproduction en est interdite à tous
On s'abonne dans tous les Bureaux de Poste	LES MANUSCRITS NE SONT PAS RENDUS	ceux qui n'ont pas de traité avec le *Pêle-Mêle*.

HYGIÈNE, par Lucien ÉMERY.

UN FESTIN MODERNE

我们将非常努力地减少食物摄入量。在餐厅椅子的后方，你会放一台称重机，如此你便能
计算出可以摄入的食物和饮品的重量。（*Pêle-Mêle*，法国，1903 年）

Solch eine Verschönerungsfabrik, die Dich verjüngt!
Von der Sohle hin bis zum Kopf,
Das wäre für Dich die höchste Zeit,
Du alter, mießer Tropf!

如果一切都失败了，这里有台机器助你减肥———一个胖子从一端进入，另一端就出来一个苗条的男人。假如今天就有这样的机器就好了！（明信片，德国，约1919年）

时尚与审美

对时尚尤其是女性的时尚进行预测，可能是最不容易的职业——甚至比试图预测技术发展更难！想要提前5年，甚至提前两年预测时尚潮流尚且很轻率，更不用说提前50或100年了。

19世纪有许多不同的流行趋势，但一般来说，在19世纪中叶，中产阶级及以上阶层的女性着装变得非常严格。一个富庶商人的妻子应该过着无所事事的生活——这是她丈夫社会地位的标志。从时尚的角度来说，这反映在衬裙的款式上，后来又发展到了紧身裤和塑身胸衣上。试图让女性的着装更加舒适和实用（例如布卢默太太宽松的短裙下，那松松垮垮的裤子）只会带来嘲讽和敌意。

但是到了19世纪末，女性却过着更加积极的生活，自行车的普及，促使女性的穿着打扮更加方便了。

畅想未来的人们会穿什么，人们表达了各种各样的意见，这没什么好奇怪的，但本章选取的各幅插图在时尚的概念方面有很大的差异。

预测服装的限制越来越少的趋势将持续下去，正如改革派玛丽·菲尔德在1893年预测的那样："美国女性……不会穿干扰身体发育的任何服饰……紧身胸衣和高跟鞋将被冷落；腰线就在胸前。"无独有偶，同时代的另一位作家也预料到"女性会为了健康而穿衣，而非为了表现，她们相信自己健康的面容可以为一切必要的'保持仪态'撑住场面"。

有人预计穿衣会越来越少，甚至半裸。另外一些人则提出了过去或不同民族文化中奇怪的元素组合。如"紫罗兰色丝绸"和"钢绉"，新面料的发明能够满足未来女性的需求。人们往往期望男士服饰的变化小于女士的，但同样也要变得更简单，也不要那么紧身。

日本男人会开始穿苏格兰短裙，或者喜欢打扮成美国牛仔，这个预测真是有趣。在某种程度上，后者的预测已经实现了，因为牛仔裤已经成为日本男士服装的标配——就像其他国家一样。

1900年前后，一位健康专家给出了一条不寻常的建议："据说内衣的颜色对皮肤有影响：红色被认为是温暖和令人兴奋的；蓝色则是冷酷和安宁。颜色不仅会影响眼睛，还会影响身体。"那么他会想到今天男女的内衣都用各种不同的颜色吗？

与生活的其他方面一样，自动化有望发挥越来越大的作用。例如，为太太们提供电子产品，以帮助她展现自己的最佳状态，或者将制作男士西装的过程机械化，还有完全自动化的理发店！

一件美丽的用紫罗兰色丝绸制成的小礼服，露在外面的左腿展示了不同寻常的网状袜。小礼服的裙裾和斗篷闪闪发亮。(《每日邮报》[2000年1月1日]，英国，1928年)

Crash-proof lingerie for air-travel, made in "crepe d'acier," edged with lace of punched aluminette in a contrasting shade.

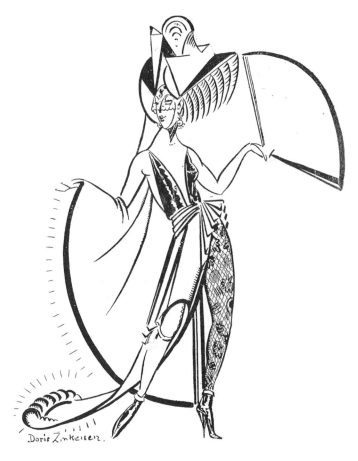

航空旅行的防撞内衣，用绉布制成，边缘则镶有铝箔花边，形成对比。(《每日邮报》[2000年1月1日]，英国，1928年)

海底狩猎的服饰。注意这个鞣制猪皮的"马鞍",是旧时骑马日的遗物。(《每日邮报》[2000年1月1日],英国,1928年)

SPRING AND SUMMER FASHIONS, 1932.

春季和夏季时装有着不同的图案和形状，还有着层次丰富的造型。帽子也是多层的，袖子很大且蓬松。对这位1893年的艺术家来说，就算是预测1932年也是一个挑战。（Strand，英国，1893年）

这是1918年想象的，2918年的流行时尚——大帽子和高跟鞋！（*La Vie Parisienne*，法国，1918年）

1908

1955-6

1929

1893

1926

未来男士时装的精选。虽然今天会有些年轻男人打扮新奇，但其实男人的着装仍旧比这位艺术家想象的要保守得多。（*Strand*，英国，1893 年）

未来，海滩时尚的搭配可真奇了，从袒胸到遮挡得严严实实！（*La Vie Parisienne*，法国，1914年）

在 19 世纪，身体的大部分都是被遮掩住的。阿尔伯特·罗比达则稍微向前了一步，他想象着小腿部位可以露出来，但他还没有大胆地提议可以看到膝盖以上的腿。他还认为女人总是喜欢戴大号的装饰性帽子。（阿尔伯特·罗比达，《20世纪》，1883年）

就像图中的几个人那样，未来的上班族将穿得非常少。另外，他们仍然戴着帽子！（《世界之镜》，法国，1933年）

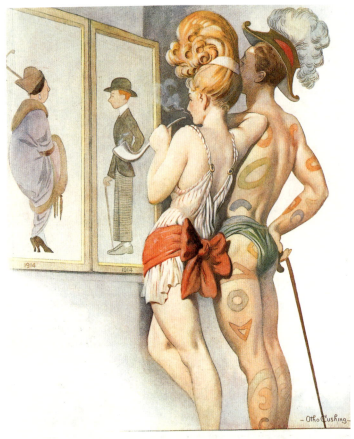

"WEREN'T THEY FUNNY?"

在这张1914年的插图中，1950年的一对时尚夫妇正在观赏1914年的时装照片，并且评论道："他们真有意思！"事实上，尽管我们经历过迷你裙风靡的时代，而社会的习俗不让我们穿得像艺术家想象的那般暴露。然而今天的一些年轻人，展露出来的粘贴文身，倒是与图中男人的人体装饰如出一辙。（《生活》，美国，1914年）

随着日本人在19世纪末的西化，大量接受西方事物，有人认为他们最终会完全放弃自己的文化。图中的女性仍然穿着和服，但男性都开始着苏格兰短裙。甚至舞台上的狗也穿着短裙！（《生活》，美国，1897年）

牛仔时尚将席卷全球——甚至日本男人也会打扮得像住在美国西部一样。日本女性仍然穿着和服，她们认为这种男性时尚非常有意思。（*Judge*，美国，1894年）

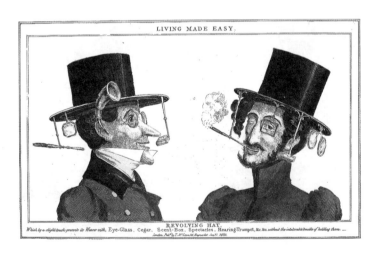

早在19世纪30年代，人们就预计未来将是一个很便利的时代。人们可以买一个旋转帽子，边缘垂下来的是必需品——单片眼镜、雪茄、香水盒、眼镜、助听筒等。（来自 *Living Made Easy* 系列漫画，英国，1830年）

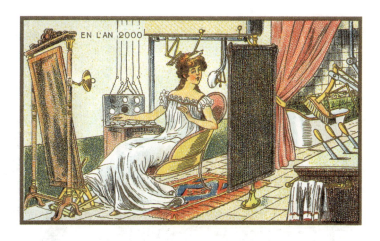

这位女士坐在控制面板旁，她的房间里有各种各样的电子设备，让她保持最好状态。顶上的两把梳子正在为她梳头，机械化的粉扑正准备为她化妆。右边的大刷子看起来好像是给她洗澡用的，如果是，它为什么离得这么远呢？也许刷子装在机械臂上，这样在洗澡中需要用到它时，它就可以移动到浴缸这里。（广告卡，法国，约1900年）

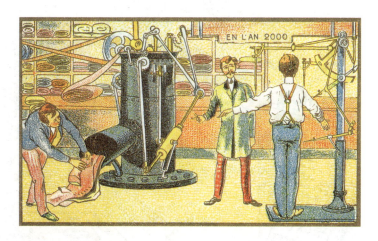

男士的裁缝将来要做的事情会少很多。一旦客户通过右侧的机器测量了尺寸，所有工作就都自动化了，直至西服做成以后，从左侧的槽里出来。（广告卡，法国，约1900年）

THE NEW BARB[...]
The boss barber presses the button an[...]

SHINE!

DROP NICKEL
PRESS
BUTTON

ELECTRIC
HAT BRUSH

ARTIFICIAL
FOUL
BREATH
BATTERY

COLOGNE
SPRAY

Sackett & Wilhelms Litho Co New York.

does the rest.

未来的理发店将完全
机械化。从图中可以看
到，这位顾客正在用自
动剪刀理发，同时他的
脸涂满肥皂，电动剃
须刀刀片正准备给他剃
胡子。一台硬币投币机
使人们更容易与他们交
谈，比如："想想会下雨
吗？""你觉得下一次选
举怎么样？"甚至还有
一台"人工恶语"的机
器会提醒顾客别忘记理
发师——他正在收银台
旁边放松一下！（*Puck*，
美国，1896年）

新女性

在19世纪和20世纪初的大部分时间里，许多国家的妇女在法律和社会地位上比男性要低。例如，在1870年开始的一系列改革之前，英国的已婚妇女不得以自己的名义拥有财产或签订合同。1909年，一位英国政府领导人将女性留在家中的传统地位概括为：向女学生们致辞。他告诉她们："打扫屋子、烹饪、护理并且以取悦别人为乐，是你们的使命、责任和生计。"

令人惊讶的是，当时的许多妇女同意这一说法，并谴责妇女变得更加独立的趋势。正如1902年美国的杂志上发表的一篇文章（由一位女性撰写）所说，"邪恶的职业正在女性群体中扎根",作者认为事业与已婚女性并不相容。

然而,有一部分人,无论男女都在为妇女奔走,为妇女争取在教育、财产权、行业、入职和公共生活权利等方面与男性平等——当然还有投票权的争取。

这个主题为100年前的插画家和漫画家提供了绝佳的机会——越来越多走出家庭的女性被认为是可笑的,甚至是骇人听闻的。女权主义者通常被认为又老又丑,而且外表并不像女性。几乎所有的艺术家都是男性!

但与此同时,正如图画所示,在家庭以外的领域中,女性越来越多地参与社会活动被认为是不可避免的。妇女将从事传统的男性工作,成为医生、律师、股票经纪人、警察、军人和政治家。(当然,在那些农村公社和贫困家庭中,多年来女性早已成为不可或缺的劳动力)面对这种竞争,男性将接替传统的女性工作,如秘书工作。女性还可以尽情享受男性的休闲活动,包括吸烟、饮酒和打牌。她们踢足球、打台球和棒球,也会打保龄球,甚至拳击。这一切都已然成为现实了。

将来,不再是男性向女性求婚,男人要等待女人向他们求婚。当女性获得投票权时,男性保持单身将是违法的。女性甚至可以去购买丈夫。

结婚后,女性将不再需要经历怀孕和分娩——她们可以去买宝宝。而且男人会接管家务，照顾婴儿，为妻子提供食物和饮料（即使在日本也是如此）。

改革派的大多数愿望已经在欧洲、美国和亚洲大部分地区实现——尽管还无法做到生孩子不用分娩！但各国的进展速度并不一致。在英国，女性1918年才有了投票权；而在美国，女性投票权始于1920年；日本的女性从1945年"二战"结束后开始有投票权。

时至今日，在职业上以及商业领域，男性必须在与女性平等的基础上进行竞争，而且女性已经证明了不必放弃婚姻或生育来追求事业——尽管有些女性认为她们在社会上仍然处于劣势，尤其是在政治影响力和生意场上。在今天的日本，关于谁应该做家务的问题，年轻的夫妻们仍然争执不休！

未来的"新女性"与墙
上照片中的"旧女性"
形成鲜明对比。同样是
看见老鼠，传统的旧女
性会惊慌失措，然后跳
上椅子；然而新女性毫
无惧色，表示她完全可
以应对这种紧急情况！
（*Puck*，美国，1895年）

THE "NEW WOMAN."

唯有在大城市的街道上战斗之后，女性才能实现解放。这是一个"女性至上营"抵达街垒，部分男性也被允许加入！幸好女性在没有采取这种极端策略的情况下获得了解放，尽管在英国，女性确实有过暴力行为，以便将注意力集中在争取选举权的斗争上。（阿尔伯特·罗比达，《20世纪》，1883年）

女性律师会在法庭上动情地上诉，甚至可以赢得铁石心肠的法官与陪审团的支持。（阿尔伯特·罗比达，《20世纪》，1883年）

将会有一个证券交易所，在那里只有女性才能成为股票经纪人，只有女性才能买卖股票。（阿尔伯特·罗比达，《20世纪》，1883年）

越来越多男性垄断的工作将被女性取代。这位女士正在投递邮件。(明信片，德国，1899年)

我们将会有女警官了。（阿尔伯特·罗比达，《20世纪》，法国，1883年）

女性而不是男子将在建筑工地工作。居家的丈夫为她们带来了午餐篮子，现在女人们正在享受一个长时间的午休，享用着午餐和大杯啤酒，正如以前的男人一样。（明信片，德国，约1910年）

即使是军队也无法抵抗女权的突围，穿制服的女性也会成为常见的景象。胸部或臀部较大的女性在穿紧身军服时会遇到一些麻烦！（明信片，德国，约1907年）

Old men can find a new occupation in the ballet.

And what a boom there will be in the pretty masculine typewriter market!

随着女性取代了男性的工作，在传统的女性工作中会有空缺给男人们，比如打字，而年长的男人可以在芭蕾舞剧中找到新的工作。（Judge，美国，1894年）

Fair electioneerers will endeavor to persuade citizenesses to vote for their party.

女性不仅可以投票，她们还可以参加议会选举，而且选举人会阻止市民上街游行，并说服他们为自己的政党投票。后面的那个女人正试图用武力说服别人。（*Judge*，美国，1895年）

最终，一位女性美国总统诞生！尽管英国由撒切尔首相领导多年，但美国还没有过女总统。当然，印度、斯里兰卡和巴基斯坦等都有过女总理。日本何时会迎来第一位女首相呢？（《生活》，美国，1897年）

在日本，宝宝留给祖母照看，而已婚妇女则外出玩棒球！（北泽乐天，明信片，
日本，约1905年）

通过这些"女性对未来梦想"的图画来判断，人们会认为男人从不工作，只是坐着喝酒或运动休闲！现在，女性可以做到这一切，这里有例证：她们能够加入吸烟俱乐部（吸烟是女性解放的一个重要标志），早上喝杯啤酒，如果看到她们在街上喝得醉醺醺的，不要觉得难堪。当她们不喝酒的时候，会把时间放在打牌上！（明信片，德国，约1910年）

女性将开始从事所有传统上由男性垄断的运动——例如台球、拳击（为什么任何女性都想做这项运动？）、足球和保龄球。女性骑手将在赛场上取代男骑手。（明信片，德国，约1910年）

女性不再被视为男性的性对象。男士们将有一个新职业——在这些投币式的展台里，让女士们来亲吻自己。（明信片，德国，约1910年）

VOL. XXXVIII. No. 981.   PUCK BUILDING, New York, December 25th, 1895.   PRICE 10 CENTS.
Copyright, 1895, by Keppler & Schwarmanne.

Puck

Entered at N. Y. P. O. as Second-class Mail Matter.

F. Opper

WE ARE GETTING THERE FAST.

STERN PARENT. — Willy, is n't that Miss Bloomers going soon? — it 's nearly eleven o'clock!
SON. — Yes, Mama; she 's just saying good night!

随着女性解放，约会和婚姻将会有怎样的变化呢？未来，女生会送她的男朋友回家，但如果她待得太久，就会被男友的妈妈赶出家门。(*Puck*，美国，1895年)

She will have the right to propose, which will be nice for us.

当然，求婚不再是男人的特权，女人会主动提出要求，男人接受（或拒绝）。这位年轻的女士是一位继承人，拥有1000万美元的财产，但这个男人似乎没那么热情！（*Judge*，美国，1895年）

当女性获得选举权时，法律将禁止男性保持单身。婚礼行业将会很兴盛，女性将把不情愿结婚的男性拖进24小时的婚姻登记处。（明信片，英国，约1910年）

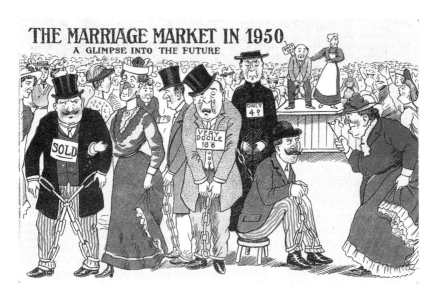

女性可以选购丈夫了，价格上还是有差异的：中间那位非常温和的绅士就很贵，但他身后那位脸色阴郁的牧师只需几便士。（明信片，英国，约1910年）

妇女将不再需要经历分娩了，通过使用这种投币婴儿机器，她们就能够打败生物学。将硬币插入左边或右边的投币孔，这取决于他们想要的是男孩还是女孩。（明信片，德国，约1907年）

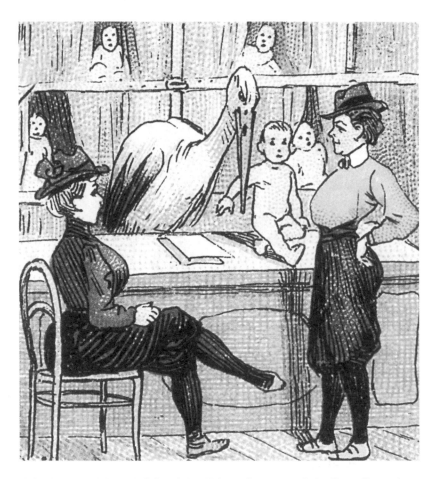

或者他们可以去鹳鸟公司经营的连锁店里挑选自己的孩子。（明信片，德国，约1910年）

当丈夫被许可和妻子一起外出时，他们的职责就是照顾孩子，妻子必然走在丈夫前面！（明信片，德国和日本，1910 年）

必须要有人做家务，那自然是丈夫要做洒扫的事情，另一边孩子们叫喊吵闹引起他的注意。他会扫地拖地、擦窗户以及洗衣服。当宝宝需要喂奶时，爸爸就会把奶瓶递给他。（明信片，德国，约1910年）

Horses and carriages will be discarded, and attendant will call the number of your "bike" after the opera.

当女人穿上了男性的衣服，男人们最终会穿上裙子和镶褶边的鞋子。（*Judge*，美国，1895年）

日本的太太们可以全身心地追求文化理想，比如一心一意地弹钢琴——而她的丈夫则在一旁为她一边扇扇子，一边抱着孩子。（北泽乐天，明信片，日本，1910年）

日本女性将不再服务男人们的三餐饮食，取而代之的是丈夫跪在地板上，而他的妻子则优雅地享用丈夫为她端来的一碗米饭。（明信片，日本，约1910年）

WOMAN IS DOING THE WORK OF MAN
SO SHE'LL WEAR THE TROUSERS, IF SHE CAN
AND IT'S QUITE EASY TO PROPHECY
WHAT PA WILL LOOK LIKE, BY AND BY!

这位未婚夫仍然穿着男士的袜子，也蓄着胡子，但他穿着女士的衬衫、裙子和鞋子，看上去似乎有些可怜落寞。（明信片，英国，约1910年）

The new " Apollo " figure belt, no gent complete
without one.

未来男士的时尚会将紧身服饰与束身衣囊括进来。(*Judge*，美国，1893 年)

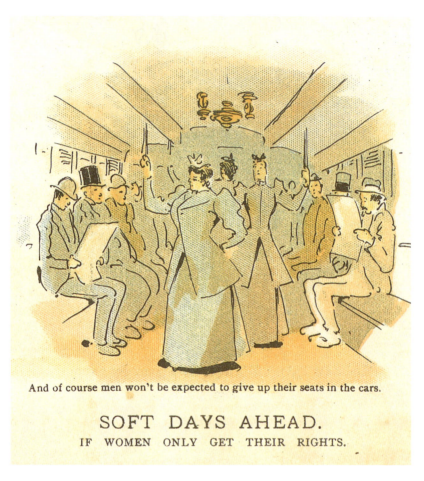

And of course men won't be expected to give up their seats in the cars.

SOFT DAYS AHEAD.

IF WOMEN ONLY GET THEIR RIGHTS.

女性的解放也包含了她们失去的一些优势，例如在公共汽车或地铁里，男性不会被要求让座给女性。（*Judge*，美国，1894 年）

This will be a pleasant feature of the new order of things. The women should certainly experience the delights of paying for those little after-theatre suppers.

男子就不用必须请女友吃晚餐了——她将不得不自己掏腰包来买单。(*Judge*,美国,1894年)

爸爸们将会得到离婚后的抚养费，这幅图中，一位母亲被捕，因为她拒付孩子的赡养费而被带上法庭。这里的法官和警察都是女的。（*Judge*，美国，1895年）

运动与闲暇时光

随着技术的发展，许多预测者预见到工作时间会越来越短。1893年有一个预想："一天只用工作3个小时。比起今天16个小时奴隶般的劳苦工作，这将提供无尽的文明益处以及舒适生活。"

我们将如何享受新的闲暇时光呢？将来会发明更多的新运动，也会把现有的运动结合成新的运动。空中的新生活将产生全新的空中运动，如空中网球、空中比赛或钓鱼飞艇气球。

但我们还会爱上汽车的新运动，如汽车比武以及骑三轮车参加赛车比赛。在海上，我们可以在水面上溜冰。海底有度假村，水下运动也会很受欢迎，比如水下槌球、潜艇钓鱼或骑鱼"赛马"。

此外，已有的体育运动将进一步发展，变得更有吸引力——无论是让球员穿着盔甲，还是换上用相互摧毁来博眼球的机器人，美式足球都将变得更加激烈！棒球也会有各式各样的改进，比如让外野手骑着自行车。滑冰稳定器等新发明将使冬季运动更有趣。

与此同时，旅游业将得到高速发展，这当然也得益于空中的开拓。游客现在可以涉足那些以前不能到达的地方，比如北极。有一条很有说服力的评论：游客越多地聚集在同一个热门景点，他们就会越破坏这些景点。

我们还可以在铁路旅馆和大型汽车旅馆里享受旅行的乐趣。对旅游设施的需求将带来超大型酒店的修建。

将来工作时间被大大缩短的预测有多少能成真？我们的工作时间并没有一些人预期的那么短。但毫无疑问，今天大多数人比他们的曾祖父母有更多的闲暇时间，我们的大部分闲暇时间都花在看电视上（这将在本书的最后一章展示）。但大众化旅游的预想是准确的，每年有数以百万计的人出国或在本国旅游。

最初仅限于一个或几个国家的体育项目走向国际，这是一个主要的变化。所以尽管他们对富有吸引力的板球运动仍然免疫，但传统足球还是打入了美国和日本。另一个变化是某些体育运动不再局限于富人阶层，比如高尔夫，传统上仅限于少数富人。本书的插画家并没有考虑到这些趋势。

但今天的主要运动仍然是一个世纪前就流行的，除了草地网球，当时它还处于起步阶段。另一方面，虽然我们可能没有汽车比武，但这和一场撞车大赛没什么不同。

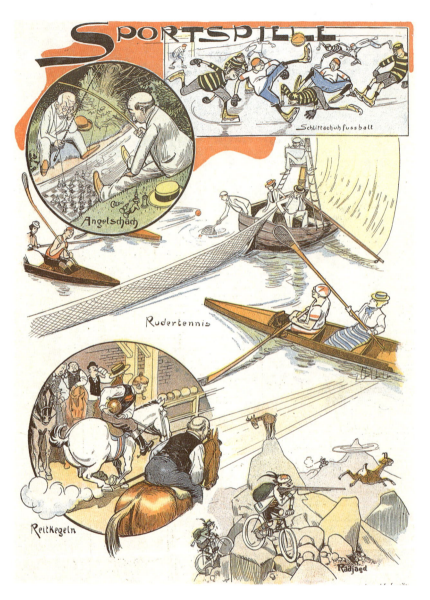

会有许多新的运动和游戏被发明出来，而且通常是基于现有的项目。从左上角开始，顺时针方向：垂钓国际象棋、穿溜冰鞋踢足球、独木舟网球、骑自行车打猎以及马背保龄球！（*Lustiger Blätter*，德国，约 1910 年）

Le vainqueur du Grand Prix.

我们将进行空中比赛,而不是赛马,但骑师仍然需要身材矮小,而且身量轻一些。(J. Xaudaro, *Les Péripétiesde l'Aviation*,法国,1911年)

当我们都可以飞来飞去时，就可以打空中网球了。比赛进行时，空中架一个网，下面是第二个网，防止球落到地上。较低的网似平面积很小，而且由于球员似乎没有携带装备用球的容器，他们必须飞到地面取新球。（广告卡，法国，约1900年）

随着人们开始优先考虑休闲活动，生活方式将发生变化。图中的传教士在户外布道，以便于周日的自行车爱好者也可以接收所传福音。（Puck，美国，1895年）

SUMMER DIVERSION FOR SOCIETY.
MEETING OF THE MOTOR-KNIGHTS IN THE LISTS AT NEWPORT.

中世纪时期，骑术比赛是最受欢迎的观赏性运动。这项运动在汽车时代会升级，持长枪的司机互相冲撞来给观众消遣，这与美国撞车大赛如出一辙。（*Puck*，美国，1906年）

汽车会代替马匹的另一项运动是狐狸狩猎，底盘下方的弹簧会助你跳过围栏。在妻子的鼓励下，前面的司机越来越快——幸运的是他的车有两套弹簧。（《生活》，美国，1907年）

未来的机动三轮赛车，不清楚后面的电机是否由电或其他燃料驱动。而且看起来骑手一旦启动它，就无法控制这台超轻型机器，最重要的是，没有刹车！难怪他们看起来有点担心。（*Judge*，美国，1895年）

这是一项巧妙的新运动，两名选手在相反的方向上蹬踏板，这种特别设计的自行车有两组踏板和手柄杆。能够将自行车朝着他所面向的方向移动一定距离的人就是胜者。右边的绅士似乎快要输掉比赛了，另一头，他的对手看起来并不像在蹬踏。他俩是如何保持平衡的？（广告卡，法国，1899年）

未来的越野自行车将装上钉刺，以便骑车者可以攀登崎岖多山的地形。他背着沉重的背包，里头有葡萄酒和香肠，抵达山顶时就可以大快朵颐了。这辆车似乎没有任何齿轮——链条直接从踏板连接到后轮（还是踏板后面仍有一些机械装置？）。当他上路时，会怎么做？看上去，脚倒是不容易从脚镫子上掉下来。（明信片，英国，1904 年）

JUDGE makes a few pertinent armor suggestions for foot-ball players of to-day.

美式足球将会变得更加暴力——这正是球迷们的渴求。因此，未来的球员想要生存下去，就需要不同类型的制服。关于打球装备，这里提了几个建议：重型衬垫、带钉子的金属盔甲、氧气装备以及潜水员的头盔（大概是为了让他在被压在泥地上时能够呼吸顺畅）。
（*Judge*，美国，1896 年）

Die Fußball-Wettkämpfe der Colleges dürften mittelst lederner, durch
Elektricität in Bewegung gesetzter Puppen inscenirt werden; sie würden
dann ebenso interessant und dabei ungefährlich sein.

这里是回应球迷渴求橄榄球更暴力的另一个方式——机器人足球运动员，可以在狂热的人群面前完全摧毁对方。（*Puck*，美国，1895 年）

这是一项更有野心的运动，这次是乘潜水艇在水下捕鱼。我不知道钓者怎样才能说服那些大鱼靠近船，好让鱼叉能刺穿它们。事实上，这些鱼似乎正在反击。（阿尔伯特·罗比达，《20 世纪》，1883 年）

一对年轻夫妇穿着溜冰鞋安享午后时光（实际上，他们更喜欢短滑雪板）。让他们浮在水上的浮力似乎来源于每个滑雪板前后都有的圆形黑色物体。（广告卡，法国，约1900年）

骑鱼比赛将是一项颇受欢迎的水下运动。要想让自己不掉下来，对于骑手们来说肯定是个不小的挑战——尽管这些鱼背上都有鞍座，鱼尾快速一甩并且往下一潜，骑手很快就会发现自己掉到海底了。（广告卡，法国，约1900年）

Pêche à la ligne   Ballon dirigeable

钓鱼仍然很受欢迎。气球会带着垂钓者（以及女士们）在海面上空盘旋。人们也许认为到2000年可以开发出更舒适的车辆。他们要把钓上来的鱼放哪儿呢？（广告卡，法国，约1900年）

GRANDE CORDONNERIE St-JEAN - 79, Rue de Sèvres, PARIS

La plus importante de Paris

Chaussures en solde

EN L'AN 2000

LES AMIS DU BOUCHON

Pêche en pleine Mer

FERMÉ DIMANCHES ET FÊTES

在这幅畅想图画中，垂钓者将拥有独立的飞行器来保持自己的悬停。因为没有人会弄湿衣服，可以穿普通的服装。但看起来前面的两个人似乎要越过他们的界线了！（广告卡，法国，约1900年）

2000年的水下槌球游戏。每个人都戴着头盔,背包里都装着氧气补给装备,但他们好像都穿着在陆地上穿的衣服。而且,在水下挥槌球的拍子肯定比插图上要困难得多。(广告卡,法国,约1900年)

这里有几个让棒球在未来更刺激的主意。"单臂滑轮"可以帮助一个盗垒明星球员打破纪录。（*Judge*，美国，1891年和1902年）

4.
The "basket and shoulder" attachment for the
Cincinnati's short-stop will prove a wonder at
"pulling them down."

使用篮子和肩膀上的附件让守场员更容易接球。（*Judge*，美国，1902年）

3.

The "spider-web net" will prove a great labor-
saver for the Chicago's catcher.　All 's fish in
his net with this.

在这个"蜘蛛网"的助力下，接球手的工作将变得不那么具有挑战性。
（*Judge*，美国，1902年）

要不让外野手骑车吧！（*Judge*，美国，1891年）

这些新发明会对我们安享冬季生活大有助益——雪球保护器（尽管会破坏孩子们的乐趣），滑冰的稳定器，还有一个放热咖啡的位置呢。（*Puck*，美国，1905年）

大众旅游将得到高速发展。这架特别的飞机将保证每位乘客都坐在机翼上，并将带着顾客
在80个小时内周游世界（而不是儒勒·凡尔纳小说中的80天）。（《生活》，美国，1918年）

OFFERT PAR LA GRANDE PARFUMERIE

Exposition 1900 — L'automobile explorateur.

PARIS — 7, BOULEVARD POISSONNIÈRE.

这种陀螺形状的飞机将带着游客探索迄今为止无法进入的地区，但它似乎没有驾驶员，还是里面有飞行员呢？艺术家再一次忘记展示螺旋桨的运动，那么他们可能很快就会掉入海里。（广告卡，法国，1900年）

„Zeppelin kommt"- Zum Nordpol!

Willkommen!

北极的动物们会热烈地欢迎航空旅客。当然了，在现实中，人类一经到达未开发的地区，通常会对生活在那里的动物造成伤害。（明信片，德国，约1905年）

即使我们身在航空旅行时代，铁路仍然很受欢迎——更多的是为了娱乐，而不是从一个地方到另一个地方。这家旅游酒店设有卧室、啤酒厅和其他餐厅。（广告卡，德国，1900 年）

美国一直是一个建造大规模项目的国家，在未来，项目只会越来越大。这里是海滩边的巨型旅馆，广告上表示去理发店只要一小时的路程！由于客人太多，检查电梯必须提前一天办理。（Puck，美国，1880 年）

在美国高速公路上疾驰的温尼巴格房车旅馆，与这个未来的汽车旅馆有许多共同之处。它有各种各样的设施，包括屋顶健身房、美发工作室，桶罐里有香槟，以及配备日本管家的餐厅。（*Puck*，美国，1905年）

PROPOSED DESIGN FOR MORE COMFORT IN THOSE VEHICLES

这辆观光巴士是专门为纽约设计的。俯卧着的游客再也不会因为抬头仰望摩天大楼的顶端而脖子僵硬。(《生活》,美国,1909年)

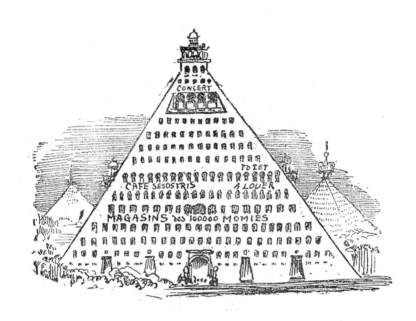

I.'Égypte nouvelle. — Les pyramides restaurées.

还有另外关于金字塔的想法：让它变成酒店、娱乐场所和购物中心。在金字塔的顶端，当然是观景台，这样游客就可以看到其他金字塔，其他的金字塔也如法炮制。（阿尔伯特·罗比达，《20世纪：电气生活》，1890年）

有一个讽刺大众旅游的说法，是它摧毁了游客所看到的东西，19世纪40年代，乔治·克鲁克斯汉克正好画了讽刺画，这幅漫画展示了未来的埃及。游客唯一看到的是其他游客，或是卖给他们物品的当地人，即使金字塔上也有广告。（《漫画年鉴》，英国，约1842年）

水下休闲设施会很兴盛。这是一家设备齐全的水下酒店，提供许多现代化的便利设施。客人通过电缆（右边）从地面下到酒店。酒店顶部有一个海上的出租车站，但看这水中出租的数量可知不会比在陆地上旅行更安全。海底快速电缆路线在这附近，这让纽约到伦敦的旅程仅需32个小时。（《生活》，美国，1910年）

购物和销售

在未来，消费者仍然要消费，制造商也需要销售他们的产品。未来将建造大量的百货商场，不仅供应商品，还提供丰富的文化活动，事实上，日本的百货公司就是这样发展起来的。

由于每个人都会乘飞机出行，这也为航空商人提供了一个绝佳的机会，可以向受困于空中堵塞的人们销售产品。当太太想去地上的商铺时，她自然会坐飞机去的，或者如果她不想出门，阿尔伯特·罗比达给了建议——他神奇地预测了如今的电视和网上购物——她可以通过电话来购买商品。（本书的最后一章讲述了通讯领域的发展，包括电视和电视电话。）

广告会比过去更加普遍，到处都是广告牌。这些广告牌不仅遮住了那些著名景点的视线，也出现在乘客所乘坐的公交车和地铁上，还会出现在演员表演的舞台上，甚至在自由女神像上也会有广告！就算你乘着自己的飞机也无法摆脱这些广告，举目望去，天空中也都是广告牌。

这是一个未来卖花生的小贩，他坐在机动的商铺车里。（*Judge*，美国，1894年）

英国的 *Punch* 漫画杂志总是对100年前广告占领城市的方式持否定态度。这就是伦敦未来的样子，杂志暗示道，每一个屋顶、每一寸天空，都充斥着广告牌和其他广告方式。（*Punch*，美国，1890年）

Nouveau siècle —Fauteuils électromobiles pour la visite des grands magasins

这好像是残疾人专用的轮椅。但坐在上面的女士并不是一个残疾人，而是一个热切的购物者，也是商店的贵客。如此，她就能乘着车穿过所有部门，拣选那些供她检验的商品小样，并随心所欲地选购挑剔，这一切行为都不用离开她的电动车。（广告卡，法国，约1900年）

THE "AIRSHIP"
An afternoon's Shopping.

MIRCH & STOCK'S "THE "AIRSHIP" SERIES. N° 132. Designed in England; printed in Prussia

这位夫人已经在外面度过了一整个下午的购物时间,司机正将她与她的"战利品"送回家。但不清楚她是在地上的商店购物还是在空中商店购物。(明信片,英国,1907年)

THE YANKEE-NOTION CAR.

铁路上的移动商店。驱车往前的时候,女士们也可以尽情挑选议价台上的"亏本大甩卖"中的商品。在这幅插画中,有一两位丈夫被妻子带去为她们的购物买单。(《专利的黄金时代》,美国,1888年)

以后会有横行街道的机动广告牌（此预言已经实现），咖啡馆和夜总会将雇用轮子上的人来给自己打广告。在图中，《费加罗》报也提供移动新闻服务——显示最近的选举结果。（广告卡，法国，1899年）

100多年前，阿尔伯特·罗比达展望了电视购物和互联网的时代——这幅图中，一位推销员正在向一位女士展示一系列的丝绸，她在家里的（椭圆形）屏幕上收看他的推销。（阿尔伯特·罗比达，《20世纪：电气生活》，法国，1890年）

THE "DRY GOODS" STORE OF THE PERIOD.

未来的百货商店几乎可以出售所有的东西，从杂货到珠宝，而整个建筑外部的设计都将用于吸引顾客。在一楼，一大杯拉格啤酒的价格是5美分（高瓶子装的）——那真是再好不过的时光了。（*Puck*，美国，1882年）

就像这条风景如画的河一样，游览美景的游客也会欣赏到大量的广告海报，从剧目广告（莎拉·伯恩哈德与她热播剧目《费朵拉》）到啤酒和肥皂的广告。虽然游客们会少看很多风景，但这似乎并没有困扰那三个乘客。（Puck，美国，1877年）

甚至农场的动物和农民也将成为广告载体。但是谁会看到这些广告呢？（《生活》，美国，1897年）

A UNION OF SISTER ARTS.—ACTING AND ADVERTISING.

A SKETCH WHICH IS BOTH A PROPHETIC VISION AND A PRACTICAL SUGGESTION.

在剧院里，舞台上的所有东西都将由制造商提供，他们自然希望为自己的品牌打广告，让观众看到。(*Puck*，美国，1906 年)

LES BALLONS-RÉCLAMES AU GRAND PRIX.

即使在天空中也有随处可见的广告。这位广告气球的司机也在派发宣传芥末的小册子。（阿尔伯特·罗比达，《20世纪》，1883年）

SOME ADS. OUR DESCENDANTS WILL PROBABLY SEE.

在这张图中，所有的广告都是与外太空有关的，他们认为航空器显然是为当地的交通而生的。最大的广告是给钻石的，估计其在未来的吸引力也会和过去一样强，然而想要去土星还价买钻石，似乎是长路漫漫啊！（*Puck* 月刊，美国，1910 年）

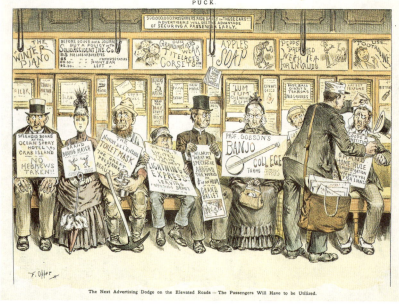

The Next Advertising Dodge on the Elevated Roads — The Passengers Will Have to be Utilized.

在广告覆盖了公共汽车和地铁列车的所有可用空间之后，还剩下些什么呢？当然，乘客自己的身上也贴满了海报。在这张图中，产品与人之间有着滑稽的违和感——一个大胡子的工人身上贴着美容面具的广告，而一位看上去很严肃的牧师身上则贴着一张欢笑大剧院的广告。（*Puck*，美国，1887 年）

LET THE ADVERTISING AGENTS TAKE CHARGE OF THE BARTHOLDI BUSINESS,
AND THE MONEY WILL BE RAISED WITHOUT DELAY.

有朝一日，自由女神像上也会贴广告！很有意思的是那个给想象中的烟草品牌取的名字是
"必死无疑"（Sure Death）——即使在100年前，人们也认识到了吸烟的危害。（*Puck*，
美国，1885年）

通讯与文化

正如本书一开始所提到的，第一部电话发明于1876年，留声机发明于1877年，这些发明推动了人们对其他通讯方式的预测。

早在收音机成为现实之前，音频技术的发展就已经被设想了——"音频报纸"会是新闻信息的基本来源；过去的人还预想到，以后的人将用光盘欣赏音乐和文学作品。未来写信就过时了，因为人只需要简单地对着一个录音柱体口述，再把它交给通讯员。

阿尔伯特·罗比达是最早预见到电视普及的人之一，他在1883年和1890年的著作中将这种预见付诸笔端。他认为，电话放映机（telephonoscope）将在巨大的屏幕上（比今天的普通屏幕大得多）为家家户户带来娱乐生活：我们可以在家里欣赏音乐会和综艺节目，还可以体验在世界另一端的战争中死亡的景象。除了罗比达，其他的插画家也展示了我们现在称之为"电视"的一些例子。

一般而言，设想的图像多是二维的，不过有一个例子表明3D也离我们不远了。插画中的屏幕通常是圆形或椭圆形的，也有一些是矩形的。

没有人能准确地预测全球范围的通信网络，目前全球的通信是由互联网提供的。但能够预见的是，视频电话将成为人们生活中的一部分。在1909年的一篇小说《大机器停止》中，E.M. 福斯特（他以《印度之行》而闻名）预见了一个未来压抑的地下世界，在这个世界里，人类彼此孤立，只能通过电视进行交流。但是插画家们普遍对这种未来的技术抱持比较积极的态度，在插画中展示这种技术将如何帮助我们与不在身边的好友进行视觉交流。

电视的用途之一是看看家人正在做什么——如同前面第025页上所展现的未来之家的插图，父亲生气地盯着屏幕，因为他的儿子正搂着一个显然他不喜欢的女孩儿一起漫步。

在家庭生活之外，美术馆将大受欢迎，但我们会乘坐小火车参观美术馆，就像今天的迪斯尼乐园的观光车一样。剧

院和歌剧仍将受追捧，我们会同时用三种语言表演戏剧。演
出结束之后我们便乘坐飞行器回家，而剧院的出口是一个从
屋顶延伸出来的露台。

21世纪的报纸将不再用来阅读，而是聆听。此图创作于无线电还远未实现的时候。尽管艺术家在畅想将来会发生什么，但他所画的仪器看着太过时了——这款19世纪90年代的爱迪生留声机实际上并没有太多进展！（广告卡，法国，约1900年）

在乡间漫步的城里人自然希望带着收音机，戴着耳机听音乐和收听节目。但这位艺术家没有想到无线电可以有内置天线！（明信片，德国，约1925年）

每个人都有移动无线电话。无论我们在哪里，都可以给股票经纪人打电话。(*De Prins* ，荷兰，1924 年)

Some invention that will make the noises of the city sound
like sweet music.

这是一个在未来不可或缺的发明——一个将城市噪音转化为美妙音乐的耳机。其目的与现在的随身听相同，即是提供一个如同茧一般的私密空间，将使用者与周围嘈杂的环境隔开。

（*Puck*，美国，1896年）

100多年前，阿尔伯特·罗比达想到人们可以在家中欣赏音乐和音乐文学作品。（阿尔伯特·罗比达，《20世纪：电气生活》，1890年）

未来写信会是很过时的通讯方式。你只需对着机器口述要传达的消息，快递服务就会把记录筒交给通讯员。作为普通的信件，这种方式没有太大的革新——虽然它可以让对方听到你的声音，但为何不用电话呢？（广告卡，法国，约1900年）

一想到没有电视的时代，就觉得很别扭！这幅插画展示了在2000年，家里的观众通过投影电视和音频（在小图中）欣赏歌手的表演。屋子里的人都没有怎么在意屏幕中的歌手，因为只有两个人在看屏幕！关于这一点，画家的预测极为准确——今天许多人开着电视作为背景音，而在做其他事情或活动。（广告卡，荷兰，约1900年）

政治家们将自己的讲演投射在巨大的荧幕上，借此来获得更多人的投票支持。（广告卡，法国，约1930年）

（阿尔伯特·罗比达，《20世纪》，1883年）

这台"电话放映机"将把剧院带进家里，墙上的巨型荧幕甚至比我们今日能
买到的都还要大。这幅图再次体现过去设想的电视荧幕是椭圆形的。（阿尔伯
特·罗比达，《20世纪》，1883年）

TALMAGE BY TELEPHONE.

Now that the Tabernacle has Telephonic Connection with Many Private Houses, why not Add to the Apparatus Little Electric Images of the Great Religious Acrobat, and Make the Thing Complete?

一旦图像可以在平面电视屏幕上显示，接下来的趋势很显然就是 3D 的出现。(*Puck*，美国，1890 年)

正如这位日本漫画家北泽乐天所想象的那样，每一个家庭都会拥有视频电话，日本当然也是这样了。（*Jiji Manga*，日本，1922年）

在欧洲的父母尽管身在中国或东南亚，也可以向他们的儿子问声早安。（广告卡，法国，1900年）

有了这个移动的视频电话，我们就可以坐在咖啡馆里与男友或家人聊天了。（广告卡，德国，约1930年）

这种视频电话当然有一些缺点。这个男人的妻子离开了他，让他如释重负。但现在，她在视频电话里与在现实中一样大，出现在他的眼前，并且声称要与他复合。（阿尔伯特·罗比达，《20世纪》，1883年）

如果你打电话给别人却没挑对时候，你可能会在她正穿衣服时给她一个惊喜（或惊吓）。即使那一头的人没有拿起听筒，这个特定的系统也会被激活。（阿尔伯特·罗比达，《20世纪：电气生活》，1890年）

在教堂里，牧师们将借助这最新的技术，把讯息传递给信众。这种扬声器或耳机系统会特别适用于非常喧闹的城市环境。（*Puck*，美国，1879年）

博物馆将把他们的艺术品直接带到公众面前，移动的画廊也会在街上展览。（*Le Rire*，法国，1905年）

没人乐意走路了。即使在博物馆里，访客们也会乘车穿行，观赏展品。这是未来穿梭在巴黎卢浮宫内的有轨电车。（阿尔伯特·罗比达，《20世纪》，1883年）

N° 46867. — La photographie sans plaques : l'image est directement reproduite, fixée et collée sur carton, ce qui évitera bien des ennuis aux débutants, et même aux vétérans.

早在拍立得成为现实之前就被预想过了。图像将被直接复制到相纸上固定，甚至自动嵌入相机内部——原始的标题上写着：这对初学者和专家都大有裨益。(《自然》，法国，1902年）

Semper sub sole.

未来的人物摄影师可以在空中建立自己的工作室。幸亏空气透明度高，才能保证拍摄出极好的照片。（ *L'Assiette au Beurre-A Nous l'Espace*，法国，1901 年）

这种帽子相机将会是未来一项有用的发明，其镜头装在帽子的中心。但这对间谍来说可不太好，因为按快门需要挤压一个可见的橡胶灯泡。(《国家插画》，比利时，1900 年)

LE THÉATRE EN TROIS LANGUES

未来会是一个国际化的时代。在剧院里，同一出戏将同时以三种不同的语言演出，即法语、英语和德语，舞台的每一层都有不同的演员在表演。奇怪的是，观众并没有戴耳机，那他们同时听到三种语言，可真有点混乱！（阿尔伯特·罗比达，《20世纪》，1883年）

2000年，在表演结束的时候，优雅的歌剧迷会乘着飞行器回家，或是径直去空中餐厅。这是阿尔伯特·罗比达最著名的作品之一。（阿尔伯特·罗比达，*L'Album No. X*，约1901年）

参考文献

（"引言：未来如同过往云烟"的参考文献）

Benjamin, Walter (1969) *Illuminations* (ed.) Hannah Arendt. Translated by Harry Zohn (New York: Harcourt, Brace and World, 1968. Rpt. Schocken, 1969).

Benjamin, Walter (1999) *The Arcades Project*. Translated by Howard Eiland and Kevin McLaughlin (Cambridge, Mass. & London: The Belknap Press of Harvard University Press).

Carruthers, M. J. (1990) *The Book of Memory*. (Cambridge: Cambridge University Press).

Chow, Rey (2010) "Postcolonial Visibilities: Questions Inspired by Deleuze's Method". In *Deleuze and the Postcolonial*, (ed.) Simone Bignall Paul Patton (Edinburgh: Edinburgh University Press), pp. 62—77.

Derrida, Jacques (1981) "Telepathy". Translated by Nicholas Royle. *Oxford Literary Review* 10.1—2: pp 3—41.

Derrida, Jacques (1987) *The Post Card: From Socrates to Freud and Beyond.* Translated and Introduced by Alan Bass (Chicago: University of Chicago Press).

Eagleton, Terry (1995) "The Flight to the Real". In *Cultural Politics at the Fin de Siècle*, (eds.) Sally Ledger and Scott McCracken (Cambridge: Cambridge University Press).

Friedman, Susan Stanford (1915) *Planetary Modernisms: Provocations on Modernity Across Time* (New York: Columbia University Press).

Lisa Cartwright and Morana Alac (2007) "Imagination, Multimodality and Embodied Interaction: A Discussion of Sound and Movement in Two Cases of Laboratory and Clinical Magnetic Resonance Imaging." In *Science Images and Popular Images of the Sciences*, (eds.) Bernd Huppauf and Peter Weingart (Routledge: London and New York).

Fukuyama, Francis (1992) *The End of History and the Last Man* (Hammondsworth: Penguin).

Geimer, Peter (2002) (Ed.) *Ordnungen der Sichtbarkeit. Fotografie in Wissenschaft, Kunst und Technologie* (Frankfurt am Main: Suhrkamp)

Mitchell, W.J.T. (1996) "What Do Pictures 'Really' Want?" *October*, Vol. 77, pp. 71—82.

Mitchell, W.J.T. (2005) *What Do Pictures Want? The Lives and Loves of Images* (Chicago: University of Chicago Press) www.press.uchicago.edu/cgi-bin/hfs.cgi/00/16469.ctl Retrieved 21 November 2015.

Marx, Karl and Frederick Engels (1976) *Manifesto of the Communist Party.* In Collected Works, Vol. 6 (London: Lawrence & Wishart).

Mukunda, H.S.; Deshpande, S.M.; Nagendra, H.R.; Prabhu, A. and Govindraju, S.P. (1974) *Scientific Opinion*: pp.5—12. http://cgpl.iisc.ernet.in/site/Portals/0/Publications/ ReferedJournal/ACriticalStudyOfTheWorkVaimanikaShastra. pdf Retrieved 25 November 2015.

Patke, Rajeev (2003) *Postcolonial Urbanism: Southeast Asian Cities and Global Processes*, (eds.) Ryan Bishop, John Phillips and Wei Wei Yeo (Routledge: London and New York).

Rosenthal, David (1985) *The Past is a Foreign Country* (Cambridge: Cambridge University Press).

Shawl, Nisi (2004) "Deep End". *In So Long Been Dreaming: Postcolonial Science Fiction and Fantasy*, (eds.) Nalo Hopkinson and Uppinder Mehan (Vancouver: Arsenal Pulp Press), pp.12—22.

Tsu, Jing (2005) *Failure, Nationalism, and Literature: The Making of Modern Chinese Identity, 1895—1937* (Stanford University Press).

Wang, David (1997) *Fin de Siècle Splendour: Repressed Modernities of Late Qing Fiction, 1849—1911* (Stanford: Stanford University Press).

Wang, Guanhua (2002) "Between Fact and Fiction: Literary Portraits of Chinese Americans in the 1905 Anti-American Boycott." In *Recollecting Early Asian America: Essays in Cultural History.* Josephine Lee, Imogene L. Lim and Yuko Matsukawa, eds. (Philadelphia: Temple University Press), pp. 143—156.

Wu Dingbo and Patrick Murphy (eds.) (1989) *Science Fiction From China* (New York: Praeger).

Yap, Arthur (2000), *the space of city trees.* Introduction by Anne Brewster (London: Skoob Books).

图书在版编目（CIP）数据

被设想的未来 /（印）普立梵（Prem Poddar），
（英）安德鲁·瓦特（Andrew Watt）著；王焙尧译
一上海：上海三联书店，2023.3
ISBN 978-7-5426-7961-1
I.①被… Ⅱ.①普… ②安… ③王… Ⅲ.①未来学
一通俗读物 Ⅳ.① G303-49
中国版本图书馆 CIP 数据核字（2022）第 229025 号

IMAGED FUTURES : FIN DE SIÈCLE FANTASIES

by Andrew Watt and Prem Poddar

Copyright© Andrew Watt and Prem Poddar

This Edition© Andrew Watt and Prem Poddar 2016

Simplified Chinese edition copyright©2022 Beijing Willsense Publishing Corporation

Published by Shanghai Sanlian Bookstore Co., Ltd.

All rights reserved.

上海市版权局著作权合同登记章图字：09-2022-0879 号

被设想的未来

著　　者 /〔印〕普立梵〔英〕安德鲁·瓦特
译　　者 / 王焙尧

出版统筹 / 陈逸凌
责任编辑 / 朱静蔚
出版策划 / 周青丰
特约策划 / 王卓娅
特约编辑 / 李志卿　齐英豪
装帧设计 / 微言视觉 | 沈君凤　苗庆东
监　　制 / 姚　军
责任校对 / 齐英豪

出版发行 / 上海三联书店
　　　　（200030）中国上海市徐汇区漕溪北路 331 号中金国际广场 A 座 6 楼
邮购电话 / 021-22895540
印　　刷 / 天津久佳雅创印刷有限公司

版　　次 / 2023 年 3 月第 1 版
印　　次 / 2023 年 3 月第 1 次印刷
开　　本 / 889×1194　1/32
字　　数 / 107 千字
印　　张 / 9
书　　号 / ISBN 978-7-5426-7961-1 / G·1659
定　　价 / 79.00 元

敬启读者，如发现本书有印装质量问题，请与印刷厂联系 18001387168。